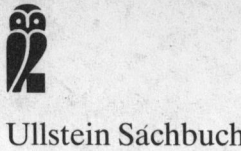

Ullstein Sachbuch

Valesca Hagen

Die russisch-baltische Küche

Mit 8 Abbildungen

Ullstein Sachbuch

Ullstein Sachbuch
Ullstein Buch Nr. 34742
im Verlag Ullstein GmbH,
Frankfurt/M – Berlin

Ungekürzte Ausgabe
(Auf der Grundlage der 4. verbesserten
Auflage)

Umschlagentwurf:
Elżbieta Woźniewska-Krüger
Unter Verwendung einer
Abbildung von ZEFA, Düsseldorf
(Foto: Fischer)
Alle Rechte vorbehalten
© 1982 by Mary Hahn's Kochbuchverlag
in der F.A. Herbig Verlagsbuchhandlung
GmbH, München
Printed in Germany 1990
Gesamtherstellung:
Clausen & Bosse, Leck
ISBN 3 548 34742 8

Januar 1991

CIP-Titelaufnahme
der Deutschen Bibliothek
Hagen, Valesca:
Die russisch-baltische Küche / Valesca
Hagen. – Ungekürzte Ausg. –
Frankfurt/M; Berlin : Ullstein, 1991
    (Ullstein-Buch ; Nr. 34742 :
    Ullstein-Sachbuch)
    ISBN 3-548-34742-8
NE: GT

Inhaltsverzeichnis

Vorwort

Bei Abfassung meiner »Kochvorschläge« ging es mir nicht darum, ein Kochbuch im üblichen Sinne des Wortes zu schaffen mit Rezepten, nach denen unsere Mütter und Großmütter mit Hilfe von Küchenpersonal für den häuslichen und festlichen Tisch kochten, auch nicht allein darum, den heutigen Verhältnissen angepaßte Rezepte zu bringen, sondern ich wollte in erster Linie einem größeren Leserkreis Einblick in die im Westen noch wenig bekannte russisch-baltische Küche geben.

Langjährige Erfahrung, Liebe zum Kochen, eine Sammlung von Rezepten, zum Teil noch von meiner verstorbenen Mutter niedergeschrieben, und nicht zuletzt mündliche Überlieferung unserer alten Petersburger Köchin Tanja haben bei diesem Buch Pate gestanden. Tanja war ein Original; sie verstand zu kochen, wenn sie wollte, was nicht immer der Fall war. Ehe sie sich an die Zubereitung irgendwelcher Gerichte machte, bekreuzigte sie sich dreimal und, um in die ihr erforderlich scheinende schöpferische Stimmung zu kommen, leerte sie ein großes Glas Wodka in einem Zug. Als die Kerenski-Revolution den Zarenthron zertrümmerte, sagte sie heulend zu mir: »Herrin, alles Schöne ist jetzt vorbei. Was lohnt es sich jetzt noch zu leben? Niemals mehr werde ich auf dem Marsfeld Paraden sehen, keine Großfürsten werden mit Pomp bestattet, keine Prinzessinnen getraut!« Und mit dem Schürzenzipfel ihre Tränen trocknend, verschwand sie in die Küche. Um ein richtiges Bild der russisch-baltischen Küche zu geben, möchte ich darauf hinweisen, daß in Rußland, wie auch anderswo, neben den typisch nationalen Gerichten eine Reihe von Speisen gebräuchlich und beliebt sind, die auch in anderen Ländern gegessen werden, denen man jedoch durch Beigabe nationaler Zutaten russischen Charakter verliehen hat. Die russische Küche hat manches aus der französischen übernommen, während die baltische Küche sich in manchem an die ostpreußische anlehnt.

Zwischen russischer, baltischer und westlicher Kochkunst lassen sich keine starren Grenzen ziehen. Forellen, Karpfen, Seezunge, Austern, Hummer, Muscheln, reizvolle Form- und Pfannengerichte, Geflügel, Wild, pikante Saucen, Kartoffeln auf französische Art, Gemüse und Salate, raffinierte Süßspeisen findet man in jedem erstklassigen Restaurant der Welt, ob in Petersburg, Moskau, Paris, London, Wien oder Berlin, wo immer internationale Gesellschaft sich trifft. Der russischen Natur entspricht es, bescheiden zu leben, dafür aber bei festlichen Gelegenheiten aus dem vollen zu schöpfen. Der Russe neigt eben zu Übertreibungen. Margarine kannte man früher nicht; erst in den letzten Jahren vor dem ersten Weltkrieg hatte eine Ölmühle die Herstellung eines Speisefettes aus dem Fleisch der Kokosnüsse aufgenommen, das sich unter dem Namen »Kokowar« in Rußland allmählich Eingang verschaffte.

Der bürgerliche russisch-baltische Mittagstisch ist kräftig und schmackhaft, aber einfach. Eine kompakte Suppe, dazu eine Scheibe Schwarzbrot, Piroggen oder Grütze. Als zweiter Gang ein Fleischgericht, meist Rindfleisch, wobei gehackte Rinderkroketten besonders beliebt sind, aber auch Kalb oder Schwein, mit Vorliebe Koteletts Posharski. Als abendliches Gericht oft Bœuf Stroganow, wozu man Wodka trinkt.

In der Petersburger Gesellschaft zaristischer Zeit aß man verfeinert. Man verstand es, die russische Küche mit der internationalen, insbesondere der französischen, zu verbinden, und nahm die Hauptmahlzeit abends ein.

Die in den meisten Kochbüchern stiefmütterlich behandelten Weine und anderen Getränke haben in meinem Buch ebenfalls gebührende Beachtung gefunden.

Schilderungen von Sitten und Bräuchen im alten Rußland und im Baltikum, kleine Anekdoten und Plaudereien beleben das Buch und geben ihm einen farbigen Ton.

Und so hoffe ich, daß nachstehende Rezepte zum Kochen mit Liebe anregen mögen! Mögen Ost und West sich in der Kochkunst die Hand reichen!

Valesca Hagen

Sakuska

Es gibt wohl nichts Reichhaltigeres als die Sakuska (der Imbiß vor einem Diner oder Souper). Mancher Gast aus Deutschland glaubte in dem reich besetzten Sakuska-Tisch, der bei größeren Gesellschaften nicht im Speisezimmer, sondern in einem besonderen Raum stand, den Hauptteil des Essens zu sehen und vertiefte sich so sehr in die dargebotenen Genüsse, daß er mit Bedauern feststellen mußte, für das darauffolgende Hauptessen keinen Appetit mehr zu haben. Ehemals bei einem Liebesmahl in einem russischen Kasino zu den Klängen des Trompeterkorps aß man sich auch schon an der Sakuska satt und konnte sie nur durch reichhaltigen Wodkagenuß vertragen. Eine starke, pikante Suppe, zu der nichts getrunken wurde, machte einen dann wieder nüchterner. Doch für die folgenden schönen warmen Gerichte hatte man den Appetit so gut wie verloren. Sekt belebte den müde gewordenen Geist; Kaffee und Cognac machten einen wieder zum normalen Erdenbürger, doch für wie lange? Manch leckerer Braten kam fast unberührt in die Küche zurück und verschwand auf Nimmerwiedersehen.

Ältere Offiziere aus Infanterie-Regimentern, deren Bäuchlein eine beträchtliche Rundung hatte, öffneten, um das Essen besser verdauen zu können, diskret ein oder zwei Knöpfe ihres Waffenrocks. Ein mit einer Baltin verheirateter preußischer Gardeoffizier machte in Libau das zweihundertjährige Regimentsjubiläum der Smolensker Ulanen der Kaiserin-Witwe mit. Er erzählte später, daß er ein solches Festessen noch nie erlebt hätte. Allein das Zimmer mit den verschiedenen Sakuska-Tischen bot eine solche Fülle raffinierter Gerichte, daß man schon von dem Anblick dieser kulinarischen Vielfalt überwältigt war.

Eine besonders große Menge der verschiedensten Sakuska-Gerichte findet man auf dem Ostertisch, zu denen dann noch eine Reihe typisch österlicher Gerichte hinzukommt, wie man sie nur zu diesem Fest ißt.

Charakteristikum der Sakuska ist, daß man ganz willkürlich von den verschiedenen Platten ißt, ohne sich an eine bestimmte Reihenfolge oder irgendwelche Eßregeln zu halten.

Auch wenn man heutzutage im Westen von allzu reichem und fettem Essen abgekommen ist, sollte man an der Sakuska doch Geschmack finden. Man braucht sie ja nicht nur als eine Reihe von Vorgerichten zu betrachten, wie das in vergangenen Zeiten Brauch war, sondern als

Hauptessen, sozusagen als »Ding an sich«. Wir machen dafür Propaganda und hoffen, daß sich die russische Sakuska-Sitte auch im Westen einbürgern möge. Sie hat sehr viel für sich und zeugt von kulinarischer Hochkultur. Freilich in Sowjetrußland ißt man auch heute noch viel und reichlich und betrachtet die Sakuska nur als Ouvertüre zum eigentlichen Essen. Zur Sakuska trinkt man Wodka und andere Schnäpse, wobei man in Rußland einen Unterschied zwischen Schnaps zum Imbiß und Cognac und Likör zum Kaffee macht. Zum Kaviar schmeckt Sekt in Spitzgläsern sehr gut!

Der in Deutschland erhältliche rumänische Kaviar des Schwarzen Meeres war in Rußland unbekannt. Man aß ausschließlich den Kaviar aus dem Rogen des Störs des Kaspischen Meeres, in das die Wolga fließt. Auch in Persien wurde dieser Kaviar hergestellt. Unter Malossol versteht man den wenig gesalzenen Kaviar. Der Belugakaviar ist der beste, großkörnig, von blaugrauem Farbton und reinem Geschmack. Beim Preßkaviar, der besonders gut frühmorgens zum ersten Frühstück schmeckt oder auch zu Blinis in der Butterwoche, handelt es sich um Rogen, dem das Wasser entzogen wurde. Der rote Ketakaviar wird aus dem lachsähnlichen Fisch Keta gewonnen und wurde in Rußland kaum als Kaviar gewertet, war auch dementsprechend sehr billig, während sein Preis hier immerhin noch recht beträchtlich ist. Kaviar, ob Stör- oder Ketakaviar, ist jedoch kein Gericht für heiße Sommertage.

Auch die in Rußland so beliebten Pilze und Pilzgerichte dürfen auf dem Sakuska-Tisch nicht fehlen, ebenso wie auch die mannigfaltigen Fischgerichte der Sakuska ihre eigene Note geben. Räucherlachs, Gänseleberpastete, pikante Gurken usw. sind gleichfalls beliebt.

Die Zahl der verschiedenen russischen Konserven auf dem Sakuska-Tisch ist unbeschränkt, sie erfreuten sich Weltrufes, besonders die Riesenkrabben, die bei Kamtschatka gefangen werden und der Languste ähnlich schmecken.

Die Sakuska, dieser rein russische Imbiß, wurde bereits vor mehr als 200 Jahren vom Baltikum übernommen und zu einer ständigen Einrichtung gemacht, wobei man sie durch besondere leckere heimatliche Erzeugnisse ergänzte, z. B. wenig gesalzenen und nur zartgeräucherten Dünalachs, auf dem Rost gebratene und einmarinierte Neunaugen und die sehr pikant gewürzten Anchovis, die unter dem Namen *Revaler Killos* bekanntgeworden sind.

Und was trinkt man?

Zum russisch-baltischen Imbiß, der Sakuska, gehört Schnaps, am besten Wodka. Wird nach dem Imbiß Suppe gereicht, so trinkt man dazu Madeira, zu einer Fischsuppe hingegen am besten einen leichten Mosel, der sich auch einem weißen Fischgericht am besten anpaßt. Lachs und fette Fische hingegen verlangen einen schweren Rheinwein oder einen roten Bordeaux, Forelle, Renken oder Felchen schmecken gut mit weißem Bordeaux. Zu gebratenem Fisch oder Geflügel gehört ein roter Bordeaux, zum Wild Burgunder oder schwerer Rheingauer. Zum Dessert paßt Schaumwein am besten, und wer den vollen Genuß von Käse haben will, der hebt sich dazu ein Glas schweren Burgunder oder Bordeaux auf.

Etwas vom Rauchen

Der Russe liebt es, zwischen Sakuska und Suppe eine Papyros zu rauchen, wie er auch nach dem Essen auf seine Papyros nicht verzichtet.
Wohl jeder, der in Rußland gelebt hat, zieht die Papyros der Zigarette vor. Nur die Papyros hat echten Tabakgeschmack. Zigarette und Papyros muß man inhalieren. In Rußland wurde mit der Papyros ein wahrer Kult getrieben. Man wählte verschiedene Tabaksorten und ließ sie beim Tabakhändler mischen und stopfen. Hundert dicke, gute Papyros kosteten im alten Rußland, sage und schreibe, 1 Rubel = 2 Mark! Man rauchte in der Regel dicke Papyros mit weißer Hülse; zum Kaffee oft eine schlanke Papyros mit gelber Hülse, die sogenannte »Papyros der Dame«.

Sakuskagerichte

Auberginen (Baklashanen)

Man zieht von den Baklashanen die Haut ab, genau wie man es bei Tomaten tut, indem man sie kurz in heißes Wasser legt, schneidet die enthäuteten Früchte in Würfel oder Scheiben, salzt sie leicht ein und dünstet sie in Fett, unter Beigabe von etwas Brühe, bis sie weich sind.

Gebackene Baklashanen (Sharenyje baklashany)

Die abgehäuteten Früchte werden in Scheiben geschnitten, mit Salz und Pfeffer gewürzt, in Mehl gewälzt und auf der Pfanne in heißem Öl schnell gebacken.

Baklashanenkaviar (Ikra is baklashan)

Man läßt einige gute, violettblaue Baklashanen im Ofen weich werden, zieht nach dem Erkalten die Haut ab und hackt das Fruchtfleisch sehr fein. Dann vermengt man es mit feingeschnittenem Schnittlauch, Dill, gewiegter Petersilie, Salz, Pfeffer, Olivenöl, etwas Zitronensaft und gibt es auf Weißbrotschnitten oder auf Toast.

Fischsoljanka (Rybnaja soljanka)

In einem Tiegel bräunt man eine feingeschnittene Zwiebel in Butter, gibt gewaschenes, ausgedrücktes Sauerkraut dazu, einen Teelöffel Mehl sowie eine Tasse Bouillon und läßt das Kraut, bedeckt, weichdünsten, wobei man es hin und wieder mit einer silbernen Gabel auflockert, um das Ansetzen zu verhindern. Beliebiger roher Fisch wird von den Gräten befreit, enthäutet, in kleine Stückchen geschnitten, die man auf der Pfanne in Butter oder Öl leicht anbräunt. Nun füllt man eine gefettete, feuerfeste Form schichtweise mit dem Sauerkraut und den Fischstückchen, wobei die unterste und die oberste Schicht aus Sauerkraut bestehen muß, gießt die aus Abfall und Gräten des Fisches kurz eingekochte Brühe darüber, legt dünne Gewürzgurken scheiben und feingeschnittene marinierte Pilze obenauf und läßt die Soljanka noch etwa eine halbe Stunde im Ofen bräunen.

Kohlsoljanka (Soljanka is kapusty)

Sauerkraut wird unter Beigabe von in Butter gebräunten Zwiebelscheiben, einem Teelöffel Mehl und einer Tasse Bouillon weich gedünstet, mit beliebigen Bratenresten vermengt und in eine gefettete feuerfeste Form gefüllt. Um das Gericht noch saftiger zu gestalten, kann man auch etwas Bratensauce dazutun. Schließlich streut man über das Gericht feingehackte gedünstete Pilze und stellt es auf eine halbe Stunde in den Backofen.

Piroggen sind keine Pasteten

Eine deutsche Pastete ist ein zartes Gebilde aus Blätterteig, meist mit Ragoût fin gefüllt, das man gerne am späten Vormittag als Beigabe zu einer Tasse Brühe zu sich nimmt. Kein eigentlich häusliches Gericht, mehr ein beliebtes, spielerisches Frühstücksgericht in einem Café. Will man zu Hause zu einem festlichen Essen Pasteten zur Suppe reichen, dann kauft man sie in der Regel beim Konditor schon fertig gebacken und braucht sie dann nur noch zu füllen und heiß zu machen.

Ganz anders die russischen Piroggen! Schon an sich sind sie, als Hefeteiggebäck, kompakter und sättigender als Blätterteigpastetchen. Dann aber sind sie ein ausgesprochenes Hausmacherprodukt, das auch nie als Einzelgänger auftritt. Berge von Piroggen mit den verschiedensten Füllungen kommen auf den Tisch. Man ißt sie entweder heiß oder auch kalt, mitunter zur Suppe, meist aber als Sakuska-Gericht zum Wodka oder auch zum Nachmittagstee. Kaum eine Mahlzeit, zu der man nicht in irgendeiner Form Piroggen zu verzehren pflegt. Übrigens sind sie auch ganz hervorragend geeignet für Picknicks oder Camping!

Fischpirogge (Kulebjaka)

Von 500 g Mehl bereitet man in bekannter Weise einen Hefeteig, zu dem man 25 g Hefe, 50 g erwärmte Butter, etwa ¼ l lauwarme Milch und etwas Salz verwendet, knetet den Teig so lange gut durch, bis er sich leicht von Händen und Schüssel löst und läßt ihn an warmer Stelle ein zweites Mal gehen. Zur Füllung braucht man 500 g Fischfilet, zwei Teelöffel Butter, zwei Eier, zwei Eßlöffel geriebene Semmel, zwei Eßlöffel saure Sahne oder Buttermilch, vier Eßlöffel Milch, zwei kleine Zwiebeln, Salz und Pfeffer. Die Zwiebeln werden feingehackt und in der Butter leicht angedünstet, das Fischfilet durch die Maschine getrieben und mit den inzwischen ausgekühlten Zwiebeln und den anderen Zutaten zu einer Farce gut verarbeitet. Inzwischen hat man 200 g Reis in Salzwasser abgekocht, abgetropft und ausgekühlt, 250 g Lachs oder Zander ohne Haut und Gräten in kleine Schnitzelchen geschnitten; beides würzt man leicht mit Salz und Pfeffer. Nun rollt man den Hefeteig in zwei längliche ovale Platten, etwa in der Form eines Brotes, aus, von denen die eine etwas größer als die andere sein sollte. Die kleinere Platte wird mit der Hälfte der Farce bedeckt, wobei der Rand frei bleiben sollte, hierauf gibt man die Hälfte des Reises, darüber die Fischschnitzel, den Rest des Reises und obenauf die übrige Farce. Der Rand der Platte wird leicht angefeuchtet und die zweite Teigplatte darübergelegt und gut angedrückt. Das Ganze wird mit verquirltem Ei bestrichen und auf ein gefettetes, leicht mit Mehl bestreutes Backblech gelegt und an einen warmen Ort zum Gären des Teiges gestellt. Nachdem er genügend gegangen ist, wird die Kulebjaka in einem ziemlich heißen Ofen hellbraun gebacken. Im allgemeinen bezeichnet man diese großen Pasteten nicht als Pirogge, sondern als Kulebjaka. Sie werden zum Servieren in ziemlich dicke Scheiben geschnitten.

Fleischpirogge (Pirog s mjasom)

Der Teig wird ebenso zubereitet wie zur Fischpirogge. Zur Füllung nimmt man entweder rohes Hackfleisch oder gehackte Braten- und Geflügelreste, vermischt es mit einem Ei, einem Eßlöffel saurer Sahne, einer gehackten Zwiebel, etwas feingewiegter Petersilie, Dill, Salz, Pfeffer und wenig Fleischextrakt und verfährt weiter genau wie bei der Zubereitung der Fischpirogge.

(Piroshki) Kleine Piroggen

Aus 500 g Mehl, ebensoviel Butter oder Margarine, sechs Eßlöffeln Wasser und etwas Salz knetet man einen glatten Teig, den man aus rollt, rund oder länglich aussticht und mit verschiedenen Füllungen wie Reis, Kohl, Fleisch, Geflügelresten, Fisch mit hartgekochtem gehacktem Ei versieht. Diese kleinen Piroggen werden auf einem mit einer Speckschwarte ausgestrichenen und leicht bemehlten Blech im Ofen goldbraun gebacken.

Kurländische Speckpiroggen

Durchwachsenen Räucherspeck, den man feingewürfelt hat, schwitzt man mit der gleichen Menge gehackter Zwiebeln hellgelb und würzt mit wenig Salz, Pfeffer und zerdrücktem Kümmel. Von einfachem, ungesüßtem Hefeteig werden dünne runde Böden ausgestochen, deren Mitte man mit der ausgekühlten Speckmischung füllt. Nun wird der Rand des Teiges mit Wasser leicht angefeuchtet, ein zweiter Boden aufgelegt und fest angedrückt, wonach die Piroggen mit geschlagenem Ei zu bestreichen sind. Nachdem sie an einem warmen Ort aufgegangen sind, werden sie im heißen Ofen gebacken und warm serviert. Sie werden, wie viele andere Piroggen, oft zur Suppe gereicht.

Ausgebackene kleine Piroggen (Piroshki w fritjure)

Man bereitet einen Teig aus einer knappen Tasse Wasser, etwa zwei Löffeln Milch, einem Löffel Rum, wenig Salz und drei Tassen Mehl, arbeitet alle diese Zutaten zu einem glatten Teig durch, den man ziemlich dünn ausrollt. Den ausgerollten Teig schneidet man in 16 cm breite Streifen, setzt in gleichmäßigen Zwischenräumen mit einem Teelöffel Häufchen beliebiger Farce (aus Kohl, Fleischresten, Reis), die man mit saurer Sahne verrührt hat, schlägt die andere Hälfte des Streifens darüber, drückt die Ränder fest zusammen und läßt die Piroggen noch etwas aufgehen. Dann legt man sie in rauchend heißes Ausbackfett (am besten Schweineschmalz), und zwar nur immer so viel auf einmal, als sie gut Platz haben, backt sie von allen Seiten schön braun und läßt sie auf Fließpapier abtropfen.

Sibirische Mundtäschchen (Pelmeni sibirskije)

Halb mageres, schieres Rindfleisch und halb Kalbsnierenfett werden durch die feinste Scheibe der Fleischmaschine getrieben und mit reichlich gehackten, im Fett angeschwitzten Zwiebeln, Salz, Pfeffer, gehackter Petersilie und einer Prise Thymian gut verarbeitet. Vom Nudelteig, den man dünn ausgerollt hat, sticht man runde Böden von etwa 6 cm Durchmesser aus und gibt in die Mitte ein Löffelchen der Füllung. Die Ränder des Teiges werden mit Wasser angefeuchtet, eine zweite Nudelplatte wird aufgelegt und fest angedrückt. Diese Mundtäschchen kocht man nun in Bouillon, die ganz leicht gesäuert und mit einem Stückchen Butter aufgekocht worden ist. Man serviert sie suppig mit gehacktem Dill bestreut. Sie können auch in Salzwasser gekocht, abgetropft und mit Zitronensaft beträufelt, mit gehackter Petersilie bestreut und mit flüssiger Butter übergossen serviert werden.

Wareniki mit Quark (Wareniki s tworogom)

250 g frischen, gut ausgepreßten und durch ein Sieb gestrichenen Quark macht man mit 2 Eiern und etwas saurer Sahne zu einer dicken, streichbaren Masse, die mit Salz, Pfeffer und etwas Zucker gewürzt wird. Hiermit werden Nudeltäschchen, wie für die sibirischen Mundtäschchen, gefüllt und in Salzwasser abgekocht. Nachdem sie gut abgetropft worden sind, füllt man sie in eine gefettete Backschüssel, übergießt sie mit saurer Sahne und backt sie im heißen Ofen, bis die Oberfläche braun ist.

Noch einige andere für den Sakuska-Tisch geeignete kleine Gerichte seien nachstehend genannt:

Baltische Speckkuchen

Der in üblicher Weise hergestellte Hefeteig wird ausgerollt und mit einem Bierglas rund ausgestochen. Zur Füllung läßt man feinwürfelig geschnittenen durchwachsenen Speck mit geriebenen Zwiebeln glasig dünsten, fügt eine Handvoll verlesene, gewaschene Rosinen und ein paar Tropfen Zitronensaft hinzu und belegt mit dieser gut vermengten Farce die eine Hälfte der Teigscheiben. Die andere Hälfte wird darübergeschlagen, die Teigränder werden fest zusammengedrückt, die Speckkuchen (die man zwar »Kuchen« nennt, die aber im Grunde auch »Piroggen« sind) mit verquirltem Ei bestrichen und im Ofen auf bemehltem Blech goldbraun gebacken.

Würstchen in Tomatensauce (Sossiski w tomatowom sose)

Man rechnet pro Person drei Würstchen (in Rußland werden sie Sossiski, im Baltikum Zies'chen genannt), die man in siedendem Wasser zehn Minuten ziehen läßt. Dann schneidet man sie in zwei oder drei Teile, bräunt sie leicht in Butter, gibt sie in eine feuerfeste Form und übergießt sie mit einer Sauce aus Tomatenmark, Butter, etwas Fleischbrühe und einem Schuß Madeira oder Sherry. In dieser Sauce, die dickflüssig sein muß, läßt man die Sossiski noch zehn Minuten durchziehen, bestreut sie mit feingewiegter Petersilie und Dill und gibt sie zu Tisch.

Vinaigrette auf baltische Art

Eine im Ofen gebackene oder gekochte rote Rübe und etwa vier gekochte Kartoffeln werden geschält und in kleine Scheiben oder Würfel geschnitten. Dazu kommen zwei bis drei feingeschnittene Gewürzgurken, 100 g marinierte Pilze und 200 g gekochte, zerkleinerte Wachsbohnen (auch gekochte grüne Schnittbohnen können verwendet werden). Man übergießt das Ganze mit zwei Löffeln Olivenöl, einem knappen Löffel Weinessig, fügt Salz und Pfeffer bei und vermengt alles gut miteinander. Je nach Geschmack können auch Selleriewürfel oder -scheibchen dazugegeben werden.

Revaler Vorschmack

Je einen Teil gebratene Heringsfilets und kalte gekochte Kartoffeln und je einen halben Teil fetten Schinken und Bratenreste treibt man durch die grobe Scheibe der Fleischmaschine, vermischt sie mit saurer Sahne und einigen Eigelben, würzt und zieht festgeschlagenes Eiweiß darunter. Kleine feuerfeste Porzellannäpfchen werden mit Butter ausgestrichen, die Masse wird hineingefüllt und mit einer großen Scheibe gekochter Kartoffel bedeckt. Man bestreut sie mit geriebener Semmel, beträufelt sie mit Butter und backt den Vorschmack im Ofen, bis die Oberfläche schön braun ist.

Kalter Japanese

Eine nicht zu dünne Scheibe Weißbrot röstet man, so daß sie von außen goldbraun, von innen aber noch weich ist, bestreicht sie mit Butter, belegt sie mit einer Scheibe rohem Schinken (ohne Fettrand), gibt einen Hauch Senf darüber und krönt das Ganze mit einem erkalteten Spiegelei, das man mit einigen Kapern garnieren kann.

In jedem baltischen Durchschnittsrestaurant war der *Japanese* unter den vielen Sakuska-Gerichten ein nicht wegzudenkender Bestandteil des kalten Buffets. Die Herkunft des etwas befremdlichen Namens blieb Geheimnis!

Salat Olivier

Reste von beliebigen Braten, eine gebackene und geschälte rote Rübe, zwei gekochte Mohrrüben oder Karotten, eine gekochte Kartoffel, eine Gewürzgurke, zwei hartgekochte Eier werden kleingeschnitten, ein paar Oliven, Kapern und Krebsschwänze (als Ersatz können auch Krabben verwendet werden) dazugegeben, eine Sauce von Olivenöl, etwas Senf und Weinessig darübergegossen und alles behutsam miteinander vermengt. Man garniert den Salat mit feingewiegter Petersilie, gehacktem hartgekochtem Ei und legt ein paar Krebsschwänze oder Krabben in die Mitte.

Wildkäse

375 g Butter, leicht erwärmt, vermengt man mit 100 g geriebenem Schweizerkäse und 50 g gut zerdrücktem Roquefort. Vorher hat man 2 Haselhuhnbrüste in Butter weich gedünstet und fein gehackt. Zusammen mit der Käsemasse gibt man das Fleisch durch ein Sieb und rührt alles gut durch, bis es sich völlig miteinander vermischt hat und zu einer glatten Masse geworden ist. Man würzt mit Salz und Paprika und fügt ein Gläschen Madeira hinzu. Dann füllt man die Masse in eine gut ausgespülte Form, läßt sie erkalten, stürzt sie vor dem Servieren und umlegt sie mit Zitronenscheiben.

Russisch-baltische Suppen

Eine teure Suppe

Fürst Potjomkin pflegte erlauchten Gästen stets die berühmte Sterlet-suppe in einer kostbaren Silberterrine vorzusetzen. Einmal kam sie dem sonst so geizigen Fürsten jedoch besonders teuer zu stehen, und zwar, als sich die Kaiserin Katharina plötzlich zum Essen ansagte. Zu dieser Zeit gab es jedoch absolut keinen Sterlet auf dem Moskauer Markt, und nur durch die Gefälligkeit eines Großkaufmanns konnte Potjomkin sechs Sterlette erhalten. Als Bezahlung forderte der Kauf-mann ein Gemälde von Andrea del Sarto, das der Fürst erst einige Wochen zuvor für 10000 Rubel erworben hatte. In Anbetracht des il-lustren Gastes blieb dem Fürsten weiter nichts übrig, als diesen unge-wöhnlich hohen Preis zu zahlen.

Ukrainischer Borschtsch (Ukrainski borschtsch)

Einen Tag vorher bereitet man einen Sud aus 4 gereinigten Mohrrü-ben, die man in etwa 7 Glas Wasser weichkocht und über Nacht kalt-stellt. Am nächsten Tag kocht man eine Brühe aus 1 kg durchwachse-nem Rindfleisch (wenn vorhanden, empfiehlt es sich, Schinkenreste und -knochen beizufügen) und gießt den Mohrrübensaft hinzu. Nach mehrmaligem Aufwallen schäumt man die Suppe ab, gibt Suppen-grün, 1 Zwiebel, Petersilie, 2 Lorbeerblätter, einige Pfefferkörner und, je nach Geschmack, auch etwas Kümmel hinzu, salzt und läßt die Suppe kochen. Inzwischen hat man 500 g Tomaten und 2 Äpfel in 1 Glas Wasser völlig zerkochen lassen, streicht sie durch ein Sieb und gibt sie an den Borschtsch, ebenso wie ½ Glas gekochte weiße Bohnen. Eine halbe Stunde vor dem Anrichten kommen noch 4–5 geschälte, würfelig geschnittene Kartoffeln, 2 zerkleinerte, am Vortrag gekochte Mohrrüben, 1 Löffel mit etwas Suppe verrührtes Mehl und schließlich ½ Glas saure Sahne hinzu. Man salzt nach Geschmack und gießt gege-benenfalls einen Schuß Essig hinein.

Borschtsch à la diable

Zubereitung wie vorstehend, nur daß man sehr viel und ausschließlich rote Rüben dazu nimmt (auf 500 g Fleisch etwa das Doppelte an roten Rüben) und die Suppe vor dem Anrichten durch ein Sieb gießt. Beim Kochen gibt man etwas Essig an die Suppe, um ihr die schöne rote Farbe zu erhalten. Diesen klaren Borschtsch, der die Farbe edelsten Burgunders hat, serviert man in Tassen. Die Beigabe von saurer Sahne darf aber auch hierbei nicht fehlen.

Großrussischer Borschtsch (Welikorusski borschtsch)

Rindfleisch, am besten das Schwanzstück (500–750 g), wird mit roten Rüben (Beeten), Wurzelwerk und Kräutern in kaltem Wasser aufgesetzt und bis zum völligen Auslaugen des Fleisches zwei bis drei Stunden langsam gekocht. Das Fleisch hat damit seinen Zweck erfüllt wenigstens nach altrussischen Begriffen), wird aus der Suppe herausgenommen und bleibt in der Küche. Der Borschtsch wird auf Tellern serviert und saure Sahne extra dazu gereicht, von der sich jeder nach Geschmack mehr oder weniger in seine Suppe tut. In Rußland ist es üblich, eine Scheibe kräftigen Schwarzbrots dazu zu essen.

Kleinrussischer Borschtsch (Borschtsch malorossiski)

Reichlich rote Rüben, Sellerie, Lauch, Mohrrüben, Petersilienwurzel und Weißkraut schneidet man in feine Streifen und dünstet sie in Bouillonfett an. Hierzu gibt man einen guten Schuß Essig, einige Löffel Tomatenmark, 1 Lorbeerblatt und einige Pfefferkörner (in einen Mullbeutel gebunden) und füllt mit Bouillon oder Wasser auf. Ein schönes Stück Rindfleisch und ein Stück geräucherter Speck werden hinzugefügt und alles zusammen gekocht, bis das Fleisch gar ist, erst dann wird mild gewürzt. Nach dem Garwerden schneidet man Fleisch und Speck in dünne Scheiben, gibt einige Scheiben Räucherwurst hinzu und füllt alles in die Suppenschüssel. Die Suppe wird mit dem Saft roter Rüben vervollständigt. Dazu werden die roten Rüben auf einem Reibeisen gerieben, durch ein Tuch gedrückt und mit einem Schuß Essig erhitzt, damit sie ihre Farbe nicht verlieren. Man gießt die heiße Suppe über das Fleisch, bestreut sie reichlich mit gehacktem Dill und reicht dazu kleine Piroggen.

Sauerkrautsuppe (Kislyje schtschi)

500 g Sauerkraut werden ausgedrückt, einmal überbrüht und fein geschnitten; man gibt eine geriebene, in Olivenöl angedünstete Zwiebel und ein Lorbeerblatt an das Kraut und läßt es mit ganz wenig Wasser halbweich dämpfen. Dann legt man es in eine aus ziemlich fettem Rindfleisch gekochte Bouillon, in der man es vollends weich werden läßt. Schließlich fügt man noch eine halbe Tasse saure Sahne an die Suppe, läßt sie noch einmal aufkochen und gibt sie auf den Tisch. Dazu Buchweizengrütze.

Abwandlung: Die nach vorstehender Angabe zubereitete Sauerkrautsuppe wird über Nacht kaltgestellt und erst am nächsten Tag gegessen. Vor dem Anrichten läßt man sie noch einige Male aufkochen und serviert sie dann.

Ukrainische Sauerkrautsuppe (Ukrainskije schtschi)

Von 1 kg Rinderbrust, 100 g Räucherspeck, Wurzelwerk und Zwiebeln wird eine kräftige Brühe gekocht. 500 g Sauerkraut werden leicht ausgedrückt und feingeschnitten oder mit einer Gabel zerpflückt. Eine kleingewürfelte Zwiebel wird in Fett angedünstet, das Sauerkraut dazugetan, ein paar Minuten auf dem Feuer gerührt, ein gehäufter Teelöffel in kaltem Wasser aufgelöstes Stärkemehl gut darin verrührt, die Fleischbrühe dazugegossen, unter stetem Rühren zum Kochen gebracht und dann auf kleiner Flamme etwa seine Stunde weitergekocht; man kann auch zwei Kartoffeln in der Suppe zerkochen lassen. Sobald die Suppe fertig ist, wird das Fleisch herausgenommen, in kleine Stücke geschnitten und in die Suppe zurückgetan. Vor dem Anrichten streut man feingewiegte Petersilie darüber.

Kurische Graupensuppe

300 g Perlgraupen wäscht man sorgfältig in mehrfach zu wechselndem Wasser, setzt sie in kaltem Wasser auf und läßt sie einmal aufkochen. Dann gießt man das Kochwasser ab und übergießt die Graupen mit soviel zuvor bereiteter Bouillon, daß sie ganz davon bedeckt sind. Man fügt ein Stückchen frische Butter hinzu und läßt die Graupen, bedeckt, auf starker Flamme kochen. Um das Anbrennen zu verhin-

dern, rührt man die Suppe hin und wieder um und gibt allmählich die etwa noch erforderliche Menge Bouillon dazu. Vor dem Anrichten legiert man die Graupensuppe mit dem in etwas Sahne verquirlten Gelb von zwei Eiern, das aber nicht mehr kochen darf.

Soldatensuppe (Schtschi soldatskije)

Aus scharf angerösteten Schweineknochen wird eine Brühe bereitet. Je 50 g Mohrrüben, Zwiebeln, Sellerie und Petersilienwurzeln werden feingehackt oder gerieben und in Bouillonfett angeschwitzt. Hierzu gibt man 500 g grobgehacktes, gut ausgedrücktes Sauerkraut, einige Löffel Tomatenpüree, ein Lorbeerblatt und einige Pfefferkörner und füllt mit der Schweinebrühe auf. Wenn alles gar ist, bindet man die Suppe leicht mit heller Mehlschwitze, schmeckt sie gut ab, streut gehackten Dill obenauf und serviert dazu saure Sahne.

Karpfensuppe zur Fastenzeit

Aus Kopf und Schwanzstück eines Karpfens kocht man mit Suppengrün, Pfeffer und Piment, Lorbeer, Salz, Zwiebel und 1 ½ l Wasser einen Fischsud, seiht ihn durch, verkocht ihn mit einer hellen Einbrenne, bindet mit Sahne und Eigelb und schmeckt mit Salz und Zitronensaft ab. Das in Stücke geschnittene Mittelstück des Karpfens 20 Minuten in der Suppe ziehen lassen, Fleisch von Kopf und Schwanzstück sowie nach Wunsch die Gemüse hinzugeben. Mit gehackter Petersilie servieren.

Dicke Kohlsuppe (Leniwyje schtschi)

1 kg Rindfleisch (Brust- oder Schwanzstück) setzt man mit kaltem Wasser unter Beigabe von Salz und Suppengrün auf und läßt es bedeckt langsam eine Stunde kochen. Inzwischen hat man 1 Kohlkopf von äußeren Blättern und dicken Rippen befreit und in mittelgroße Stücke zerteilt, die man an die Suppe gibt. Wenn der Kohl halbgar ist, fügt man eine in Scheiben geschnittene weiße Rübe, 2 Mohrrüben und ½ Sellerieknolle hinzu und läßt alles weichkochen. Zum Schluß gibt man 1 Löffel in etwas Bouillon verrührtes Mehl und ½ Glas saure Sahne an die Suppe, läßt alles noch einmal aufkochen und streut vor

dem Anrichten feingehackte Petersilie und Dill hinein. Nach Belieben kann man 4–5 Kartoffeln mitkochen lassen oder auch 3 Tomaten.

Kohlsuppe mit Kalbfleisch

Man bereitet aus Kalbsknochen mit reichlichem Suppengrün eine Bouillon, seiht sie nach etwa zweistündigem Kochen durch und gibt 300 g würfelig geschnittenes Kalbfleisch, das man mit Zwiebeln in Fett angedünstet hat, hinein. Ein halber Weißkohlkopf wird fein aufgeschnitten, in Fett mit Zwiebeln weichgedünstet und in die Suppe gegeben, sobald das Fleisch weich ist. Dann läßt man das Ganze noch zehn Minuten durchkochen. Will man die Suppe etwas sämiger haben, dann kann man eine Kartoffel mitkochen.

Okroschka I

200 g Steinpilze werden gereinigt und zerschnitten (getrocknete Pilze müssen tags zuvor eingeweicht werden) und in leicht gesalzenem Wasser abgekocht; drei bis vier saure Gurken (man kann auch frische nehmen) und drei in der Schale gekochte rote Rüben werden geschält und ebenfalls zerkleinert; 300 g gekochtes Hühnerfleisch werden von den Knochen gelöst und kleingeschnitten; Schnittlauch, Petersilie und Dill wiegt man fein. In einer Terrine rührt man zwei Eßlöffel saure Sahne (notfalls auch Buttermilch) in etwas Kwas (s. im Register) an, gibt die Zutaten hinein und gießt 1 ½ l Kwas darüber. Falls erforderlich, fügt man etwas Salz und Pfeffer hinzu. Die Okroschka wird eiskalt serviert.

Pilzsuppe

Zwei Handvoll getrocknete Steinpilze werden gewaschen und einen Tag vor Gebrauch eingeweicht. Man setzt die erforderliche Menge Wasser mit einer zerschnittenen Zwiebel, ein paar Pfefferkörnern und etwas Petersilie zum Kochen auf und läßt es eine halbe Stunde kochen. In der Zwischenzeit hat man die eingeweichten Pilze aus dem Wasser genommen, feingehackt und in Butter oder Margarine mit einem Löffel Mehl geschwitzt. Nun gießt man eine Tasse des kochenden Wassers zu den im Mehl geschwitzten Pilzen, die man eine Viertelstunde darin dämpfen läßt. Dann gibt man das übrige Wasser, dem man auch das Pilzwassr beigefügt hat, dazu, läßt das Ganze aufkochen und zieht die Suppe mit Eigelb und etwas saurer Sahne ab. Vor dem Anrichten gibt man feingewiegte Petersilie und ein hartgekochtes, feingeschnittenes Ei in die Suppe.

Nierensuppe (Rassolnik)

Aus Suppenknochen und reichlichem Suppengrün kocht man eine Bouillon, die man nach etwa zweistündigem Kochen durchseiht. Eine von Fett und Sehnen befreite Kalbsniere und etwa zwölf tags zuvor eingeweichte getrocknete Steinpilze gibt man in die Brühe, die man auch mit dem Wasser, in dem die Pilze eingeweicht wurden, vermischen kann. Die Niere, die nur eine kurze Kochzeit braucht, wird herausgenommen, sobald sie weich ist. Nun kommen 250 g verlesener und gewaschener Rosenkohl hinein, zwei bis drei geschälte kleingeschnittene Kartoffeln und drei kleine in Scheiben geschnittene saure Gurken. Sobald Kartoffeln und Rosenkohl weich sind, fügt man die bereits weichgekochte Niere, die man in feine Scheibchen geschnitten hat, hinzu, legiert die Suppe mit dem Gelb von zwei Eiern und gibt saure Sahne hinein.

Zwiebelsuppe à la Cubat
(Cubat war ein Restaurant der Petersburger Feinschmecker)

Zwei mittelgroße, in sehr feine Scheiben geschnittene Zwiebeln werden in einem Eßlöffel Butter glasig gedünstet. Sobald sie weich sind, gibt man 1 l Wassr oder Bouillon dazu und läßt das Ganze langsam vierzig Minuten kochen. Inzwischen hat man 100 g Schweizer oder Parmesankäse in feine Stiftchen geschnitten, ebenso auch Weißbrot in kleine Würfel. Nun gibt man in die Suppenterrine abwechselnd eine Lage Käse und eine Lage Weißbrot, streut Salz und Pfeffer darüber, füllt die heiße Suppe auf und stellt sie bedeckt in den warmen Ofen; der Käse muß heiß werden und Fäden ziehen, die Suppe darf aber nicht mehr kochen.

Grüne Suppe I (Botwinja)

500 g Spinat werden in leicht gesalzenem siedendem Wasser kurz gekocht, dann herausgenommen und durch die Fleischmaschine gedreht oder gehackt. Man fügt etwas feingehackten Schnittlauch und einen Teelöffel Senf hinzu, gibt das Ganze in eine Suppenterrine und gießt 1 l Kwas (s. im Register) darüber. Kurz vor dem Anrichten gibt man ein Stückchen Eis in die Botwinja.

Zu dieser kalten Suppe reicht man gesondert gekochten Fisch (Stör oder Lachs), den man entgrätet, enthäutet, in kleine Scheiben geschnitten, ausgekühlt und mit Cornichons, gewiegtem Schnittlauch und Meerrettich garniert hat.

Im Notfall kann der Kwas durch leicht säuerlichen Mosel ersetzt werden.

Grüne Suppe II (Botwinja)

Beetenblätter, Spinat und Sauerampfer – von jedem einen tiefen Teller voll – wäscht man sorgfältig und läßt sie in kochendem Wasser weich werden. Dann hackt man die abgetropften Blätter fein, legt sie in eine Terrine, fügt 8 geschälte, würfelig geschnittene Gurken, Salz, 1 Löffel Zucker, ½ Tasse kleingeschnittenen Dill und 2 l Kwas dazu. Einen am Vortag unter Beigabe von Salz, Gewürz, Lorbeerblatt und Pfeffer abgekochten und kaltgestellten Hecht zerlegt man und gibt die Stücke an die Suppe, die man ein paar Stunden in den Kühlschrank stellt.

Krebssuppe

Man bereitet eine Bouillon in üblicher Weise aus Fleisch oder Knochen mit entsprechendem Suppengrün. Acht bis zehn mittelgroße Krebse werden vorsichtig gebürstet und in sprudelnd kochendes Salzwasser geworfen, dem man ein Lorbeerblatt, reichlich Dill, Pfeffer, evtl. etwas Kümmel beigefügt hat. In diesem Wasser werden die Krebse so lange gekocht, bis sie rot geworden sind, was je nach Größe fünf bis zehn Minuten erfordert. Dann läßt man die fertiggekochten Krebse in dem Kochwasser abkühlen, nimmt sie heraus, löst das Fleisch aus Schwänzen und Scheren und entfernt Galle und Darm. Die Schalen, mit Ausnahme der Rückenpanzer (Krebsnasen), zerstößt man im Mörser und schwitzt sie mit einem Löffel Butter unter ständigem Rühren, bis die Butter sich rötet und hochgeht. Dann gibt man einen Löffel Mehl hinzu, verrührt es sorgfältig, gießt die Bouillon darauf und läßt alles zwanzig Minuten auf kleiner Flamme ganz langsam kochen. Nun seiht man die Suppe durch ein feines Sieb, zieht sie mit ein bis zwei Eigelben, zwei Eßlöffeln süßer Sahne und einer Prise Zukker ab und gießt sie über das in Stücke zerteilte Krebsfleisch.

Als Einlage sind die gefüllten Krebsnasen sehr beliebt, die man folgendermaßen zubereitet: Aus einem in Milch geweichten, gut ausgedrückten Brötchen, etwas geriebener Semmel, einem Eßlöffel Butter, einer kleinen Tasse süßer Sahne, etwas Zucker, Salz, Muskat und dem feingehackten Krebsfleisch einiger zurückgehaltener Scheren macht man einen glatten Teig und läßt ihn zehn Minuten ruhen. Dann füllt man die Masse in die Krebsnasen, läßt sie in kochendem Salzwasser ziehen, bis die Füllung fest ist, und gibt sie als Einlage in die Suppe, in die man kurz vor dem Anrichten nicht zu wenig feingeschnittenen Dill streut. Die Monate ohne »r« waren im Baltikum nicht nur ohne Krebse, sondern auch ohne Krebssuppe undenkbar.

Russisch-baltische Frühlingssuppe

Zwei bis drei mittelgroße gute Kartoffeln, die man geschält und gewaschen hat, läßt man in reichlicher Fleischbrühe (auch aus Fleischextrakt herzustellen) mit etwas Salz völlig zerkochen und streicht sie durch ein Sieb. Zwei Handvoll Sauerampfer werden im eigenen Saft kurz aufgekocht, gehackt und in die Brühe gegeben; man läßt die Suppe dann noch etwa eine halbe Stunde ohne Deckel kochen und zieht sie mit zwei Eigelb und einem walnußgroßen Stück frischer Butter ab. Auch zu dieser Suppe wird saure Sahne als Zutat gereicht.

Baltische Ferkelsuppe

Man wäscht und zerteilt 1 kg Ferkelfleisch vom Rippenstück, setzt die schlechteren Stücke mit kaltem Wasser auf und fügt die besseren Stücke, die gegessen werden sollen, erst hinzu, wenn das Wasser eine Weile gekocht hat. An die Suppe gibt man Suppengrün, einen säuerlichen, in Stücke geschnittenen Apfel und eine Zwiebel. Nach einer halben Stunde legt man eine halbe Tasse Graupen in einen Kochtopf, fügt etwas von der Ferkelsuppe durch ein Sieb hinzu sowie einen halben Löffel Butter und gießt allmählich alle Suppe durch ein Sieb zu den Graupen. Eine halbe Stunde vor dem Anrichten gibt man noch kleine geschälte Kartoffeln an die Suppe. In eine Terrine tut man 2 Eigelb und einen Löffel saure Sahne und füllt die fertige Suppe unter ständigem Rühren nach und nach auf.

Kascha – geliebte Grütze

Ofen- oder Topfgrütze:
Buchweizenkascha im Ofen gebacken
(Gretschnewaja kascha krutaja)

Auf einer mit Butter ausgestrichenen Pfanne röstet man 400 g grobe Buchweizengrütze unter ständigem Rühren lichtbraun. Dann gibt man diese leichtgebräunte Grütze in einen Kochtopf (am besten eignet sich dazu ein irdener feuerfester Topf), gießt so viel kochendes Wasser auf, daß es drei Finger hoch über der Grütze steht – man kann mit einer Gesamtmenge von etwa 1¼ l Wasser rechnen –, gibt zwei Eßlöffel Butter und einen knappen Eßlöffel Salz dazu, vermengt es gut mit der Grütze, die man dann 2 Stunden lang im Ofen backen läßt. Die Oberfläche muß schön braun, die Körner sollen weich, dürfen aber nicht breiig sein. Man ißt die Grütze mit brauner Butter, Zucker und auch mit Milch.

Gebackene Buchweizenschnitten
(Grenki is gretschnewoi kaschi)

Man kocht in siedendem Wasser unter Beigabe von etwas Salz aus Buchweizengrütze einen dicken Brei, streicht den fertiggekochten Brei auf ein mit Wasser befeuchtetes Backblech und läßt ihn erkalten. Dann schneidet man ihn in gleichmäßige Streifen, bestreut sie mit Zucker und ißt Kompott oder Fruchtsaft dazu.

Überbackene Buchweizengrütze (Gurjewskaja kascha)

250 g sauber gewaschene Buchweizengrütze setzt man mit 1½ l Fleischbrühe (es kann auch gute Würfelbrühe sein) auf, gibt einen Teller voll gereinigter frischer Steinpilze hinein und läßt die Grütze weich kochen. In eine gefettete feuerfeste Form legt man schichtweise kleine Scheibchen Rindermark und die Grütze, als oberste Schicht Rindermark, und läßt das Ganze kurz überbacken.

Hirseauflauf

300 g Hirse werden mehrmals in Wasser gewaschen und mit etwa 2 l
Milch (oder halb Milch, halb Wasser) zu einem dicken Brei verkocht.
Nachdem der Brei etwas ausgekühlt ist, rührt man zwei verquirlte Eier
darunter, fügt eine Prise Salz und zwei Eßlöffel Zucker hinzu und füllt
die Masse schichtweise mit beliebiger Marmelade (Konfitüre) in eine
gefettete Auflaufform. Man belegt die Grütze mit Butterflöckchen
und läßt sie im Ofen goldbraun überbacken.

Gerstengrütze

250 g Gerstengrütze wäscht man sorgfältig und gießt so viel kochendes
Wasser auf, daß die Grütze ganz bedeckt ist. Leicht gesalzen, läßt man
sie auf kleiner Flamme langsam kochen, wobei man sie des öfteren
umrührt, damit sie nicht anbrennt. Man reicht die Grütze entweder
mit brauner Butter oder, was im Baltikum beliebt ist, mit gebräunten
Speckwürfelchen oder einer Specksauce.

Grießkügelchen

Man bringt ½ l Milch mit ½ Teelöffel Salz und 50 g Butter zum Kochen,
gibt unter ständigem Rühren allmählich 350 g Grieß (im Baltikum
Manna genannt) hinzu und kocht den Brei dick ein. 3 Eigelb verrührt
man gut mit 60 g Zucker und 6–7 abgezogenen, fein geriebenen Mandeln und der abgeriebenen Schale einer halben Zitrone, gibt es an den
erkalteten Grießbrei, vermengt alles gut miteinander, formt eigroße
Kugeln daraus, die man in Semmelbröseln wälzt und im Fettbad goldbraun backt. Jede Art Kompott paßt gut dazu.

Geröstete Mannascheiben auf baltische Art
(Grießscheiben)

Man kocht einen dicken Brei aus Manna (Grieß) und Milch, gibt nach
Geschmack Salz und Zucker dazu und streicht den Brei auf ein mit
Wasser befeuchtetes Backblech, auf dem man ihn erkalten läßt. Den
kalt und fest gewordenen Brei schneidet man in gleichmäßige Stücke,
wälzt sie in geschlagenem Ei und Semmelbröseln und backt sie auf der

Pfanne in Butter goldbraun. Dazu Saftsauce oder beliebiges Obstkompott.

Dickmilch (Prostokwascha)

Süße Milch gießt man in Glasschälchen und läßt sie bei Zimmertemperatur so lange stehen, bis sich auf der Oberfläche ein krauses Häutchen bildet und die Milch darunter eine glatte, feste Konsistenz bekommen hat. Man ißt diese Dickmilch, die ein sehr erfrischendes, dabei nahrhaftes Sommeressen ist, das sich sowohl in Rußland als auch im Baltikum großer Beliebtheit erfreut, entweder mit Zucker und Zimt oder mit geriebendem Schwarzbrot und Zucker bestreut.

Baltische saure Grütze

Ein Gericht, das in Deutschland vermutlich völlig unbekannt ist, in unserer baltischen Heimat aber viel und gern gegessen wird. In Kurland war diese Gerstengrütze das übliche Sonnabend-Mittagessen, das man ebenso auf der Tafel des deutschen Gutsherrn wie auf dem Tisch des lettischen Bauern vorfand.

450 g gut gewaschene Gerstengrütze kocht man mit etwas Salz in etwa 3 l Wasser weich. Dann tut man, während die Suppe noch brühheiß ist, mit einem Eßlöffel kleine Klumpen gesäuerter dicker Milch hinzu und läßt sie einige Tage im Keller stehen, bis sie einen angenehmen Säuregeschmack angenommen hat. Man ißt sie mit saurer Sahne verrührt – zwei Eßlöffel auf einen Teller. Auch diese Suppe war ein spezifisch kurisches Gericht, das durch seine erfrischende Kühle besonders gern im Sommer genossen wurde.

Fische und Schalentiere

Karauschen in Schmant (Karasi w smetane)

Einige kleine Karauschen werden geschuppt, ausgenommen, gewaschen und etwa eine halbe Stunde beiseite gestellt. Dann bestreicht man sie mit verquirltem Ei, wälzt sie in Semmelbröseln oder Mehl, legt sie in eine gefettete feuerfeste Form und läßt sie im Ofen bräunen. Wenn die Fische goldbraun gebraten sind, übergießt man sie mit saurer Sahne, belegt sie mit Butterflöckchen und stellt sie für weitere fünfzehn Minuten in den Ofen.

Sprotten in Schmantsauce auf kurische Art

250 g Sprotten befreit man von Haut und Gräten und läßt sie auf der Pfanne in Butter leicht anbraten. Dann tut man sie auf eine Platte, salzt sie leicht und stellt sie warm. Nun bereitet man eine Schmantsauce und übergießt damit die warmgestellten Sprotten.
Statt Sprotten kann man auch Bücklinge nehmen; Sprotten sind im Geschmack zarter, Bücklinge machen weniger Arbeit.

Livische Strömlinge mit Überguß

Anstelle der im Baltikum gebräuchlichen Strömlinge nimmt man Bücklinge, befreit sie von Haut und Gräten und zerteilt sie in Stücke. Diese Bücklingsstücke legt man in heiße Butter auf die Pfanne, wendet sie einmal und übergießt sie mit zwei in saurer Sahne verquirlten Eiern. Sobald die Eier stocken, ist das Gericht fertig, in das man nach Belieben noch etwas geriebenen Käse tun kann. Vor dem Anrichten streut man feingeschnittene Kräuter darüber. Daß man sie vorher salzt und pfeffert, versteht sich von selbst.

Heringsform mit Reis

Zwei feingehackte Zwiebeln werden in Kokosfett gebräunt, mit einer Tasse körnig gekochtem Reis, vier gekochten geriebenen Kartoffeln, zwei gewässerten, gesäuberten und feingeschnittenen Heringen sowie reichlich gewiegter Petersilie gut vermengt, in eine gefettete feuerfeste Form gefüllt, mit Butterflöckchen belegt, mit Semmelbröseln bestreut und im Ofen goldbraun überbacken.

Bücklingsförmchen

Bücklinge werden von Haut und Gräten befreit und in kleine Stücke zerteilt. Dann füllt man sie in eine gefettete Auflaufform, übergießt sie mit einer Mischung aus zwei mit Sahne oder Buttermilch verquirlten Eiern, Tomatenketchup, Salz und feingewiegten Kräutern (Petersilie, Dill, Schnittlauch) und läßt sie im Ofen lichtbraun überbacken.

Gebackene grüne Heringe

Filets von grünen Heringen werden leicht gesalzen, mit Zitronensaft beträufelt, mit gewiegter Petersilie bestreut und aufgerollt. Man bestreicht diese Heringsrollen mit Öl, setzt sie nebeneinander in eine gefettete feuerfeste Form (oder auch Deckelpfanne) und brät sie, bis sie sich an den Rändern bräunen.
Man gibt dazu Kartoffelpüree, das man zur Erzielung eines pikanteren Geschmacks mit Meerrettich vermischt.

Heringspfännchen à la Schwarz
(Schwarz war ehemals feinstes Frühstückslokal in Riga)

Man putzt drei Heringe und hackt sie mit einer oder zwei Zwiebeln fein. Diese Heringsmasse vermischt man mit Sahne, einem eingeweichten, gut ausgedrückten Brötchen, Pfeffer, Salz, dem Gelb von zwei Eiern und zieht zuletzt den steifen Schnee der zwei Eier vorsichtig darunter. Die so zubereitete Masse wird in eine gut gefettete Form gefüllt, Semmelbrösel werden darübergestreut, Butterflöckchen daraufgelegt, und das Gericht wird im Ofen in etwa fünfundvierzig Minuten licht goldbraun gebacken.
Statt der Heringe, deren Putzen nicht zu den angenehmsten Beschäftigungen gehört, kann man auch fertige Matjesfilets in entsprechender Menge, die man in jedem Fischgeschäft tafelfertig zu kaufen bekommt, verwenden. Falls diese Filets sehr salzig sind, lege man sie eine Stunde vor Gebrauch in Milch.

Lachs

Man läßt den Lachs, entweder in Stücke oder in dicke Scheiben geschnitten, in einem aus Wasser und Wein gemischten Sud einmal kurz
aufkochen und dann auf kleinster Flamme zugedeckt ziehen, bis die
Flossen sich leicht herausziehen lassen.
Am besten reicht man den so zubereiteten Lachs mit frischer oder
zerlassener Butter, da der Geschmack des Fisches so fein ist, daß man
ihn durch keinerlei Sauce übertönen möchte.
Auch gebraten, gegrillt, kalt mit Mayonnaise oder in Gelee – immer ist
der Lachs ein Genuß für den Gaumen!

Gefüllter Hecht auf polnische Art

Der Hecht wird geschuppt, ausgenommen (macht der Fischhändler),
gewaschen und das Fleisch so vom Rückgrat losgeschnitten, daß nur
Kopf und Schwanz dranbleiben. Das Rückgrat mit Kopf und Schwanz
salzt man und entfernt die Kiemen aus dem Kopf. Das abgelöste
Fleisch legt man kurz in kochendes Wasser, da sich die Gräten dann
leichter entfernen lassen. Das von den Gräten gereinigte Fischfleisch
wird fein gehackt und mit drei Löffeln Butter, in Butter geschwitzter,
kleingeschnittener Zwiebel, zwei Eiern, Muskat und Salz, sowie mit
geriebener oder einer in Milch geweichten Semmel gut vermischt.
Diese Farce füllt man in die Fischhaut und streicht sie recht glatt und
fest an das Rückgrat des Fisches, der so wieder seine natürliche Form
erhält. Dann setzt man ihn bäuchlings in eine gebutterte Pfanne, bestreut ihn mit Semmelbröseln und geriebenem Käse und backt ihn
gar.

Hecht mit Schmant (Schtschuka pod smetanoi)

Der gut gesäuberte Hecht wird mit Salz und Pfeffer gewürzt, auf den
Einsatz eines Fischkessels gelegt, reichlich mit flüssiger Butter übergossen und unter fleißigem Begießen in der Röhre schön braun gebraten. Dann wird er reichlich mit saurer Sauce übergossen und ebenfalls
unter gutem Begießen vollständig fertiggemacht. Man richtet ihn an,
so wie er ist, mitsamt dem Sud, der nötigenfalls etwas eingekocht
wird.

Karpfen (Karp)

Es gibt unzählige Arten, wie man Karpfen zubereiten kann: mit Rotwein, Braunbier, Lebkuchen, gefüllt mit Champignonfarce, gespickt, gebraten, mariniert.
Flußkarpfen sind den Teichkarpfen vorzuziehen, weil letztere mitunter einen etwas sumpfigen Geschmack haben.

Karpfen auf jüdische Art (Karp po jewrejski)

Einen mittelgroßen Karpfen, den man sich vom Fischhändler hat ausnehmen lassen, wäscht man innen gut, gibt ihn in eine Jenaer Glasform, begießt ihn mit einem Gemisch von ⅛ l Weißwein und etwas Wasser, fügt Salz, ein Stück Butter, auch einige Zwiebelscheiben hinzu und läßt ihn unter häufigem Begießen gardünsten, was etwa dreißig Minuten erfordert. Inzwischen hat man Reis in Fleischbrühe, der man 100 g Champignons beifügt, gedünstet. Wenn der Karpfen gar ist, legt man ihn in die Mitte einer großen runden Schüssel und stellt ihn warm. Die in der Glasform zurückgebliebene Flüssigkeit wird als Sauce verwendet; man fügt noch Tomatenmark, die Champignonstiele und eine gehackte Sardelle hinzu, dickt die Sauce nötigenfalls mit ein wenig Mehl ein und begießt damit den Fisch, den man kranzförmig mit dem Reis umlegt hat. Auf den Reisrand legt man die Champignonköpfe.

Barsche auf Dorpatsche Art

Die Barsche werden geschuppt, ausgenommen und in Salzwasser mit Wurzelwerk, Petersilienstengeln, Thymian und Lorbeerblatt gargemacht. Sie werden gut abgetropft, heiß angerichtet und mit gehackter Petersilie, gehacktem Ei und in Butter gebräunten Semmelbröseln überschüttet. Zum Schluß gießt man noch geklärte Butter darüber.

Forelle à l'Ermitage
(Ermitage war ein berühmtes Moskauer Schlemmerlokal)

Man legt die ausgenommenen und gewaschenen Fische in einen Fischkessel (es ist wichtig, daß der Fisch nicht direkt im Wasser, sondern auf dem Dämpfeinsatz liegt) und übergießt sie mit einem Weinsud, den man gekocht hat und erkalten ließ. Eine gute halbe Stunde vor dem Essen läßt man die Fische oder, richtiger gesagt, den Sud auf großer Flamme einmal kurz aufkochen, dreht dann die Flamme klein und läßt die Fische langsam gar werden, was zehn bis fünfzehn Minuten dauert. Dann nimmt man sie heraus, entfernt vorsichtig die obere Haut und garniert die Forellen mit gekochten, zu kleinen Kugeln ausgestochenen, in Butter leicht gebräunten Kartoffeln. Feingewiegte Petersilie wird über die Fische gestreut; man ißt sie entweder mit Holländischer Sauce oder mit geschmolzener Butter, die man mit feingehacktem Ei vermengt.

Unvergleichlich im Geschmack sind die in Gebirgsbächen und -flüssen gefangenen Forellen. Leider werden sie immer seltener, so daß man sich dazu gezwungen sieht, die Forellenzucht in immer größerem Ausmaß zu betreiben. Geschmacklich sind die gezüchteten Forellen lange nicht so gut.

Zander in Muscheln auf Rigaer Art

500 g Zanderfilets werden in kleine Stücke zerpflückt, mit Zitronensaft beträufelt, leicht gesalzen und in Öl angebraten. Dann bereitet man eine dickflüssige Béchamelsauce und dünstet Champignons in Butter. In gefettete Muscheln gibt man nun Fischstückchen, Champignons, je nach Geschmack auch einige Krabben, gießt die Béchamelsauce darüber, bestreut das Gericht reichlich mit geriebenem Käse, legt noch ein paar Butterflöckchen darauf und läßt die Muscheln im Ofen überbacken.

Zander auf russische Art (Sudak po russki)

Ein schöner frischer Zander wird wie üblich vorbereitet, die beiden Filets werden mehrmals leicht eingeschnitten, wonach der Fisch auf den Einsatz eines länglichen Fischkessels zu legen ist. Nachdem er gewürzt worden ist, gießt man mit halb Weißwein und halb heller Brühe auf, fügt reichlich in kurze, dicke Streifen geschnittene saure Gurken, in Viertel geschnittene frische Champignons, Krebsschwänzchen und, wenn möglich, einige Quappenlebern hinzu und dünstet ihn zugedeckt gar. Man tropft ihn dann gut ab, richtet ihn auf einer langen Platte an, umgibt ihn mit der Garnitur, gießt braune Butter darüber, in der man geriebene Semmel hellbraun geröstet hat, und stellt ihn noch einige Minuten in die Röhre. Den Sud kocht man ein, bindet ihn leicht mit Mehlschwitze, schmeckt ihn gut ab, seiht ihn durch und serviert diese Sauce gesondert zum Fisch.

Zanderpfännchen (Sudak na skoworodke)

Von einem Zander werden die Filets ausgelöst und von den Gräten und der Haut gänzlich befreit. Aus den Gräten, einer in Scheiben geschnittenen Zwiebel, einigen Petersilienstielen und Pfefferkörnern wird mit wenig Wasser ein kurzer Fond gekocht, durchgeseiht und ausgekühlt. Die gewürzten Filets schneidet man in schräge Scheiben, die in eine mit Butter ausgestrichene Backplatte gelegt werden. Man bedeckt sie reichlich mit in Scheiben geschnittenen sauren Gurken und dünnen, frisch gekochten Kartoffeln und bestäubt sie leicht mit Mehl. Danach gießt man etwas von dem vorbereiteten Fischfond auf, bestreut die Filets mit einer Mischung von Reibbrot und geriebenem Käse, beträufelt sie mit Butter, um sie dann im Ofen garwerden und braun überbacken zu lassen.

Krebsschwänze in Dillsauce

Das aus den Schwänzen der gekochten Krebse gelöste Fleisch läßt man in einer sämigen Dillsauce ein paar Minuten ziehen und richtet es in einem Rand aus körnig gekochtem Reis an.

Austern

Mit Recht erfreuen sich Austern unter Menschen mit feiner Zunge größter Beliebtheit. Man ißt sie in der Regel roh, mit etwas Zitronensaft beträufelt. Es gibt Feinschmecker, die die rohen Austern in Verbindung oder, richtiger gesagt, abwechselnd mit kleinen gebratenen heißen Würstchen essen und darob in Entzücken geraten. Das mag jeder selbst ausprobieren!
Es gibt eine ganze Menge verschiedenster Zubereitungsarten von Austern, doch ist und bleibt es wohl das beste, Austern roh zu essen.
Ein erlesener Genuß ist es, im Winter Austern mit ein paar Tropfen

Zitronensaft zu schlürfen, dazu ein dickes Stück Chester mit dem Käsemesser an den Mund zu führen und ein Glas Chablis oder Sekt dazu zu trinken. Auch Porter ist ein geeignetes Getränk zu Austern.

Eierspeisen

Eierkuchen

Man bereitet einen Eierkuchenteig in der üblichen Weise aus Mehl, halb Milch, halb Wasser, Eiern, Salz und backt auf der Pfanne in wenig Fett große Pfannkuchen von einer Seite schön braun. Auf die braune Seite streicht man einen Löffel Farce, die man aus Hackfleisch oder Bratwurstfüllsel, gehackter Zwiebel, Salz, Pfeffer bereitet hat, und klappt den Teig von allen vier Seiten darüber. Man bestreicht die Oberfläche mit verquirltem Ei, streut Semmelbrösel darüber und läßt nun das Ganze von allen Seiten braun backen.
Im Baltikum ißt man Preiselbeerkompott dazu.

Baltische Speckpfannkuchen

Aus 60 g Mehl, 60 g Stärkemehl, einem Teelöffel Backpulver, knapp ¼ l Milch, zwei Eßlöffeln Wasser, dem Gelb von zwei Eiern und Salz bereitet man einen glatten Teig, in den man, nachdem man ihn völlig glatt verrührt hat, den steifgeschlagenen Eierschnee vorsichtig einmischt. Für jeden Pfannkuchen gibt man einen gehäuften Eßlöffel grobwürfelig geschnittenen Speck in die Pfanne, den man glasig werden läßt. Nun gießt man den Pfannkuchenteig über den Speck und backt den Pfannkuchen, der nicht zu dick sein darf, von beiden Seiten schön braun. Dazu Dosenerbsen, die man unter Beigabe von einem Stück Butter, ganz wenig Salz, einem Stück Zucker und reichlich gewiegter Petersilie heiß werden ließ.

Dratschena

Man rührt 70 g Butter schaumig, schlägt unter fortwährendem Umrühren 6 Eigelb und nach und nach ¼ l saure und ¼ l süße Sahne darunter. Hinzu gibt man 2 Eßlöffel Weizenmehl und 1 Eßlöffel Zucker, gießt den Kuchen in eine heiße, mit Butter ausgestrichene Bratpfanne und läßt ihn auf beiden Seiten braun backen. Die Dratschena wird heiß mit süßer Sahne oder Fruchtsaft zu Tisch gegeben.

Verlorene Eier im Grünen

Man bringt 2 l Wasser mit Salz und einem Schuß Essig zum Kochen. Frische Eier (es ist wichtig, daß sie ganz frisch sind) hält man einen Augenblick in das kochende Wasser, weil sie sich dann besser binden; dann schlägt man sie auf und läßt sie behutsam, eines nach dem andern, dicht über das Wasser gehalten, hineingleiten und vier Minuten ziehen. Mit dem Schaumlöffel hebt man sie heraus, beschneidet etwaige lange Eiweißfäden und hält die Eier bis zur weiteren Verwendung warm.

Inzwischen hat man Mehl in heißem Fett gelblich geröstet, löscht es mit Sahne ab, rührt die Sauce glatt, salzt sie und gibt sehr viel feingeschnittenen Schnittlauch hinein. Dann läßt man das Ganze noch einmal aufkochen – es muß recht dickflüssig sein –, gibt es in eine Schüssel, ordnet die Eier darauf an und gibt die »Eier im Grünen« auf den Tisch.

Litauische Rollfladen

Vier Eier werden mit 100 g Zucker, dem man eine Messerspitze Zimt beigegeben hat, gut verrührt und allmählich etwa 500 g Mehl und 1 l Milch unter ständigem Rühren dazugetan. In der Pfanne, in der die Fladen gebacken werden sollen, hat man 200 g Butter schmelzen lassen und dem Teig beigemengt. Nun gießt man den Teig hauchdünn in die noch heiße, fette Pfanne, backt ihn von einer Seite, rollt ihn auf und läßt ihn aus der Pfanne auf einen angewärmten Teller gleiten. Da der Teig sehr fetthaltig ist, bedarf es keines weiteren Backfettes. So backt man einen Rollfladen nach dem anderen (immer nur auf einer Seite) und ißt eingemachte Strickbeeren (Preiselbeeren) dazu. Eine Prise Salz gehört auch in den Teig.

Rührei auf russische Art (Jaitschnitza)

Pro Person zwei Eier werden in einer kleinen Tasse Milch verquirlt, leicht gesalzen und in eine gefettete feuerfeste Form gegeben. Man stellt die Form in den nicht zu heißen Ofen und läßt die Eimasse in zehn bis fünfzehn Minuten stocken. Dann serviert man das Gericht sofort, das recht heiß gegessen werden muß. Vor dem Servieren streut man feingeschnittenen Schnittlauch über dieses russische Rührei.

Russische gefüllte Eier (Farschirowannyje jaitza)

Man kocht Eier hart ab und läßt sie unter fließendem Wasser erkalten. Dann schneidet man sie mit einem scharfen Messer der Länge nach in der Mitte durch, ohne die Schale zu beschädigen, nimmt das Innere vorsichtig heraus (auch das Weiße), hackt es fein, salzt, pfeffert und vermischt es mit einem gut verquirlten rohen Eigelb, fügt feingewiegte Petersilie und Dill hinzu und füllt die Masse in die Eierschalen. Ein paar Butterflöckchen und Semmelbrösel werden daraufgegeben und die Eihälften leicht überbacken. – Das im Westen als *Russische Eier* bezeichnete Gericht ist in Rußland unbekannt.

Tworogpfannkuchen

Aus Mehl und etwas Milch, unter Beigabe von einer Prise Salz, etwas Zucker und einigen Tropfen Zitronensaft, rührt man einen glatten, nicht zu dicken Teig, in den man ein bis zwei verquirlte Eier gibt. Nun backt man die Pfannkuchen in Butter von einer Seite, wendet sie, füllt sie mit einer Quarkmasse, die man mit verquirltem Ei, Zucker, Korinthen oder Rosinen zubereitet hat, klappt alle vier Seiten des Teiges darüber und läßt die Kuchen nun auf dieser Seite bräunen. Vor dem Anrichten wird Zucker über die Kuchen gestreut.

Kleine warme Gerichte

Tworogscheiben

Aus 125 g trockenem Quark (Tworog), 20 g Fett, 250 g gekochten, geriebenen Kartoffeln, 30 g Mehl, Salz, Muskat und feingewiegten Kräutern macht man einen Teig, formt eine Rolle daraus und schneidet sie in Scheiben. Diese wälzt man in Ei und Paniermehl und brät sie auf der Pfanne in Butter hellbraun. Man kann Spinat dazu geben.

Kalbshirn auf russische Art

Das Hirn wird gut gewässert, enthäutet, die Blutfasern werden entfernt, das Hirn in leicht gesäuertem Salzwasser einmal aufgekocht und im Wasser ausgekühlt. Nachdem es gut abgetropft worden ist, wird es in dicke Scheiben geschnitten, paniert und in der Pfanne gebraten. Die russische Note ist die Zitronensauce, die man dazu reicht.

Bitki mit Zwiebeln (Bitki nowgorodskije)

375 g schieres Rindfleisch, am besten Filetkopf oder -spitze, 100 g Kalbsnierenfett und ein halbes, zuvor eingeweichtes Weißbrötchen werden mehrmals durch die feine Scheibe der Fleischmaschine getrieben, mit Salz, Pfeffer und gehackter Petersilie gewürzt und mit wenig Wasser zusammen verarbeitet. Hiervon formt man kleine Küchelchen, die in Butter gebraten, mit gebratenen Zwiebeln bedeckt und mit Bratkartoffeln garniert angerichtet werden. Über die Bitki gießt man einen Löffel Madeirasauce.

Sauerkrautauflauf

In eine gefettete feuerfeste Form gibt man als unterste Lage Kartoffelpüree, darauf gekochtes Sauerkraut, in Scheiben geschnittenes mageres gebratenes Schweinefleisch, wieder Sauerkraut, etwas geriebene Zwiebel und als oberste Schicht Kartoffelpüree, das man mit Butterflöckchen belegt. Im Ofen oder Grillgerät läßt man das Gericht überbacken. (Eignet sich auch als Resteverwertung.)

Béchamelauflauf

500 g geschälte, gekochte Kartoffeln schneidet man, solange sie noch heiß sind (am besten eignen sich als Pellkartoffeln abgekochte Salat-kartoffeln), in eine dickflüssige Béchamelsauce, füllt diese Mischung in eine gefettete Auflaufform, gibt saure Sahne und reichlich geriebe-nen Käse darüber und backt das Gericht im Ofen oder Grillgerät zwanzig bis dreißig Minuten.

Weißer Schmantklops

Kleine Scheiben Kalbsschnitzel brät man auf der Pfanne in Butter oder Margarine, ohne sie braun werden zu lassen, und gibt ein bis zwei Eßlöffel süße Sahne dazu. Dann legt man die Fleischscheiben in eine feuerfeste Form, in der man Zwiebelscheiben in Butter oder Marga-rine goldgelb werden ließ, gießt die Pfannensauce darüber, würzt mit Salz und Pfeffer und läßt das Ganze gut durchziehen. Gut schmecken dazu kleine rohe Kartoffeln, die man mit etwas Salz bestreut auf einer leicht gefetteten Pfanne (keine Butter verwenden, die leicht an-brennt!) gar werden läßt.

Geflügelleber mit Nudeln

Nudeln, Makkaroni oder Spaghetti werden wie üblich, aber nicht allzu weich gekocht. Geflügelleber (sehr vorteilhaft, weil sie sehr leicht ist, ein viertel Pfund reicht für zwei Personen) wird mit Zwiebeln, feinge-schnittenen Apfelscheiben und gewiegten Kräutern in Butter gebra-ten und lagenweise mit den Nudeln, oder auch mit diesen vermengt, in eine gefettete feuerfeste Form gefüllt. Man übergießt das Gericht mit ⅛ l Sahne, in der man ein Ei verquirlt hat, und läßt es im Ofen goldgelb überbacken.
Man gibt dazu grünen Salat oder eine crèmeartige Tomatensauce aus abgehäuteten, mit Salz und Pfeffer in Butter gedünsteten Tomaten.

Gefüllte Zwiebeln

Drei bis vier spanische Zwiebeln (eine besonders große Zwiebelart) werden geschält und in Salzwasser zehn bis fünfzehn Minuten vorgekocht. Wenn sie etwas abgekühlt sind, höhlt man sie vorsichtig aus und vermischt das Zwiebelinnere mit gehackten Fleischresten, gewiegtem Schinken oder auch mit Bratwurstfüllsel, einem geweichten, ausgedrückten Brötchen, einem Ei, Salz und Petersilie. Diese Farce füllt man in die ausgehöhlten Zwiebeln, setzt sie in eine gefettete feuerfeste Form, übergießt sie mit Sahne, der man etwas von dem Zwiebelkochwasser zusetzt, und läßt sie goldbraun überbacken.

Zwiebelauflauf

Drei große Zwiebeln werden geschält, in Hälften geschnitten und in etwas Fett gebräunt; man setzt die Zwiebelhälften mit der Schnittfläche nach oben in eine gefettete, mit Bröseln ausgestreute Auflaufform und gießt eine Sauce darüber, die man auf Tomatenmark, zwei in Sahne verquirlten Eiern und Reibkäse bereitet hat (salzen und pfeffern nicht vergessen!). Im Ofen läßt man die Zwiebelform etwa fünfundvierzig Minuten gut durchbacken.

Gefüllte Paprikaschoten

Von sechs grünen Paprikaschoten (man kann pro Person zwei Stück rechnen) schneidet man den Deckel ab, nimmt die Kerne heraus und spült die Schoten unter fließendem Wasser sorgfältig aus, damit keine Kerne darin bleiben. Dann füllt man die Schoten mit einer aus Hackfleisch (auch Bratwurstfüllsel kann verwendet werden), in Fleischbrühe körnig gekochtem Reis und feingewiegten Kräutern bereiteten Farce, setzt sie nebeneinander in eine gefettete feuerfeste Form und läßt sie etwa fünfundvierzig Minuten langsam schmoren. Man kann auch noch Reis gesondert dazu servieren.

Überbackene Lauchrollen

Lauchstangen (man kann pro Person mit zwei bis drei Stangen rechnen) werden, nachdem man den oberen grünen Teil abgeschnitten hat, in etwa 5 bis 6 cm lange Stücke geschnitten, die man sehr sorgfältig waschen muß, da der Lauch mitunter recht sandig ist. Man kocht die Lauchstücke in Salzwasser fünf Minuten vor und umwickelt dann jedes Stück mit einer Scheibe rohen oder gekochten Schinkens. In eine gut mit Butter ausgestrichene feuerfeste Form legt man nun die schinkenumwickelten Lauchrollen nebeneinander und übergießt sie mit einer Sauce aus einer halben Tasse Dosensahne, einem Teelöffel Suppenwürze, Salz und Muskat. Im Ofen läßt man das Gericht noch etwa eine halbe Stunde überbacken.

Man kann Kartoffelpüree dazu reichen, um so das Gericht sättigender zu gestalten.

Litauische Kohlrouladen (Kolduny po litowski)

Ein Weißkohl wird entblättert, die dicken Rippen werden aus den großen Blättern herausgeschnitten und die Blätter heiß überwällt und ausgekühlt. Sie werden dann flach ausgebreitet und mit einer Farce gefüllt, die man aus je einem Teil rohem, durch die Maschine getriebenem Hammelfleisch und körnig gekochtem Reis, reichlich mit gehackten, angedünsteten Zwiebeln, gehacktem Dill, Salz, Pfeffer und Piment gewürzt, hergestellt hat. Nachdem die Blätter wie üblich zusammengerollt worden sind, gibt man sie in ein geeignetes Geschirr, das mit Speckscheiben ausgelegt und mit Mohrrübenscheiben bedeckt wurde. Das Ganze wird mit dünner saurer Sahne, der man etwas Tomatenpüree untergezogen hat, aufgegossen, und die Rouladen werden zugedeckt in der Röhre gargemacht. Man richtet jede auf einer Speckscheibe an, belegt sie mit einer Mohrrübenscheibe, übergießt sie mit der eingekochten, durchgeseihten Sauce und streut gehackten Dill obenauf.

Burkanenklopse

500 g feingeraspelte rohe Mohrrüben (Burkanen), 200 g Schabefleisch, zwei Eßlöffel Haferflocken, ein verquirltes Ei, eine Prise Salz, eine Prise Muskat, ein knapper Eßlöffel englische Sauce werden gut miteinander vermengt, kleine ovale oder runde Klopse daraus geformt, die man in Semmelbröseln und Ei paniert und auf der Pfanne von beiden Seiten braun brät.

Tiftelki

350 g Kalbfleisch und 150 g Schweinefleisch dreht man durch die Fleischmaschine und vermengt dies mit einer geriebenen Zwiebel,

einer in Milch eingeweichten, ausgedrückten rindelosen Semmel, einem verquirlten Ei, Salz und Paprika. All dies arbeitet man gut durch, formt kleine Kügelchen daraus und brät sie auf der Pfanne in Butter goldbraun. Man richtet die Tiftelki auf einer tiefen Schüssel an und serviert sie mit Tomatensauce übergossen.

Geflügel

Hühnerkotelett

Das Fleisch von einem ausgenommenen und gewaschenen Huhn, ohne Haut, gibt man durch die Fleischmaschine, vermischt es gut mit einem in Milch geweichten, ausgedrückten Brötchen, fügt nach Geschmack Salz, Pfeffer und eine Spur Muskat hinzu und formt aus der gut durchgearbeiteten Masse ovale Plätzchen (in Rußland Kotelett genannt), die man paniert und auf der Pfanne in Butter von beiden Seiten goldbraun brät.

Hühnerkoteletts Posharski (Kurinyje kotlety Posharski)

Von einem jungen Huhn löst man die beiden Brüste aus und zieht die Haut ab; die Keulen können anderweitig verwendet werden. Nachdem die Sehnen entfernt worden sind, hackt man das Brustfleisch mit etwas süßer Sahne recht fein, gibt nußgroß Butter, ein Eigelb, ein kleines Stückchen entrindetes, eingeweichtes und ausgedrücktes Weißbrot hinzu, würzt mit Salz, Pfeffer und Muskatnuß und mengt alles gut durch. Aus dieser Masse formt man in Reibbrot vier Koteletts. Sie werden in geklärter Butter recht saftig gebraten, angerichtet, mit der Bratbutter übergossen und mit Erbsen und Bratkartoffeln garniert.

Baltisches Hühnergericht

Ein zum Braten vorbereitetes Huhn zerteilt man und läßt die Stücke in Fett bräunen. Dann gibt man gekochte Gerstengrütze über die von allen Seiten gebräunten Hühnerstücke, füllt mit einer Tasse Bouillon auf und läßt das Ganze zugedeckt dünsten, bis das Fleisch weich ist. Zum Schluß gibt man noch 100 g Butter hinzu und läßt noch einige Minuten auf kleiner Flamme stehen. Mit feingewiegter Petersilie bestreut servieren.

Huhn auf kaukasische Art (Tschakkum-Bili)

Ein junges Huhn von etwa 1 kg teilt man in vier Stücke, die mit 2 gehackten Zwiebeln, einer mittelgroßen Sellerieknolle, einer Mohrrübe, je 100 g Gurke und Kürbis, alles in kleinere Würfel geschnitten, goldbraun angebraten werden. Es wird mit Salz, Pfeffer, einem kleinen Lorbeerblatt und sehr wenig Fenchel gewürzt, und 1 Liter Wasser wird aufgegossen. Nun gibt man noch 100 g Reis hinzu und dünstet alles zusammen in der Ofenröhre, zugedeckt, gar. Vor dem Servieren gießt man eine halbe Tasse saure Sahne hinein und gibt 2 kleine, geschälte, in Würfel geschnittene Salzgurken hinzu.

Gefüllte Hähnchen

In Rußland und im Baltikum verwendet man zu gebratenem Hähnchen folgende Füllung: Herz und Magen kocht man weich und hackt sie, zusammen mit der in Butter gedämpften Leber, fein. Eine in Weißwein geweichte rindenlose Semmel, gewiegte Petersilie, eine halbe geriebene Knoblauchzehe, ein verquirltes Ei, vier bis fünf geriebene Walnüsse werden dazugetan, ein Glas bessarabischer Weißwein (oder überhaupt ein weißer Landwein) wird zugegossen und alles miteinander gut vermengt. Mit dieser Farce füllt man die Hähnchen, näht sie zu und brät sie in tiefem Tiegel in reichlicher Butter goldbraun.

Gans mit Sauerkohlfüllung auf polnische Art

500 g Sauerkohl werden in Gänse- oder Schweinefett, unter Beigabe von einer halben feingeschnittenen Zwiebel, einem halben geriebenen säuerlichen Apfel und einer Tasse Bouillon weichgedünstet; die zum Braten vorbereitete Gans wird mit dem so gedünsteten Sauerkohl gefüllt, zugenäht und in üblicher Weise gebraten.

Kapaun auf russische Art (Indejka)

Der Kapaun, ein junger beschnittener und dann gemästeter Hahn, dessen Fleisch etwas weniger zart ist als das der Poularde, wird in reichlich Butter im Ofen oder in tiefer Deckelpfanne gebraten. Man gibt dem Kapaun vor dem Braten folgende Füllung:

500 g Walnüsse, die man mit kochendem Wasser überbrüht, werden von den feinen Häutchen befreit, feingehackt, mit der in Butter gedämpften Leber des Kapauns und etwa 250 g ebenfalls in Butter gedämpfter Kalbsleber, die man beide fein gewiegt hat, vermengt und mit einer kleinen in Madeira geweichten Semmel, zwei Eiern und zwei Löffeln Butter zu einer Farce verrührt, mit der man den Kapaun füllt. Man näht ihn zu und brät ihn im Ofen oder Tiegel. An den Bratsatz gibt man ein Glas Madeira.

Gänseklein mit Backpflaumen

Das sorgfältig gewaschene Gänseklein wird in kaltem Wasser aufgesetzt, zum Kochen gebracht und der sich bildende Schaum abgeschöpft. Nachdem man das Gänseklein einige Male aufwallen ließ, nimmt man es aus der Brühe, seiht diese durch ein Sieb und setzt ihr reichlich Suppengrün, Mohrrüben, Petersilienwurzel, Lauch, Zwiebeln, und ein Lorbeerblatt zu. Nun kommt das Gänseklein wieder in die Brühe und kocht langsam darin gar. Am Tage zuvor eingeweichte 200 g Backpflaumen kocht man gesondert weich, gießt das Pflaumenkochwasser zu der Gänsekleinbrühe, fügt einen Schuß Essig, einen halben Löffel mit etwas Mehl verkneteter Butter und zwei Stück Zukker hinzu, läßt das Ganze gut durchkochen, siebt die Brühe durch und übergießt damit das in eine Schüssel gelegte Gänseklein und die Pflaumen.

Truthahn (Puter)

Der Truthahn, ursprünglich »Indian« genannt, war ein Wildvogel in Amerika, der in Deutschland heimisch und zum zahmen Geflügel geworden ist. Der Puter erreicht ein Gewicht bis zu 10 kg, die Pute ein um 2–3 kg geringeres. Ein Puter reicht für zehn Personen, kommt also nur für Festlichkeiten in Frage und ist im Baltikum speziell als Festbraten zum ersten Weihnachtstag sehr beliebt. Puter und Pute werden wie jedes Geflügel gebraten; als Füllung werden Kastanien oder junge Maiskörner (Kukurusa) und Walnüsse verwendet.

Rebhuhn

Rebhühner werden wie alles Geflügel vorbereitet; sie dürfen aber nicht gewaschen, sondern müssen mit einem Tuch ausgerieben werden. Dann werden sie gesalzen und mit dünnen Speckscheiben und Weinblättern belegt, die man mit einem Faden um die Rebhühner bindet, damit sie sich beim Braten nicht lösen. In tiefer Deckelpfanne, in reichlich heißer Butter, brät man die Rebhühner unter häufigem Begießen, was je nach Größe 18 bis 20 Minuten erfordert. Es empfiehlt sich, der Sauce nach und nach gut verquirlte saure Sahne oder Buttermilch zuzusetzen, sobald die Rebhühner angebräunt sind.

Ob ein Rebhuhn ganz jung ist, erkennt man an den Füßen, die zart und zitronengelb sein müssen, während sie bei einem alten Huhn, zum Ende der Jagdsaison, blauschwarz und zäh geworden sind.

Die gebratenen, mit Speck und Weinblättern umwickelten Rebhühner auf einer Unterlage von mit Wein zubereitetem Sauerkraut zu servieren, das man kurz vor dem Anrichten mit einem Fläschchen Sekt übergossen hat, ist ursprünglich Elsässer Art, die sich aber auch in Deutschland eingebürgert hat. Daß die Fäden vor dem Servieren entfernt werden, ist wohl selbstverständlich.

Fasan

Unter allem Wildgeflügel ist der Fasan wohl das edelste. Den frisch geschossenen Fasan läßt man drei bis vier Tage im Gefieder an einem kühlen, trockenen Ort hängen, wodurch er zarter wird und seinen Geschmack entwickelt. Dieses Abhängen darf jedoch nicht bis zur Zersetzung geführt werden, denn der früher so beliebte »haut goût« ist weiter nichts als ein Anzeichen der Zersetzung und kann zu gefährlichen Vergiftungen führen.

Der vorsichtig gerupfte, gesengte und ausgenommene, aber nicht gewaschene Fasan wird mit einem sauberen Tuch gut ausgewischt, Kopf, Hals und Füße werden abgeschnitten. Er wird leicht mit Salz eingerieben, mit dünnen Scheiben fetten Speckes umwickelt, gebunden und in heißer Butter je nach Größe 25 bis 30 Minuten gebraten und während dieser Zeit häufig begossen, da er von Natur etwas trocken ist. Fasane schmecken nur, wenn sie rosig gebraten sind. Da die Keulen dann immer noch etwas roh sind, werden sie nach dem Ablösen noch einige Minuten nachgebraten. Den Bratsatz kocht man mit etwas Bouillon los, seiht ihn durch und reicht ihn zum Braten.

Fasan auf georgische Art (Fazany po grusinski)

Man legt den zum Braten vorbereiteten Fasan in eine möglichst der Größe entsprechende Kasserolle, würzt ihn leicht und fügt 25 Walnußkerne, 500 g Sultaninen, 40 g Butter, den Saft von 3 Apfelsinen und so viel ziemlich starken Aufguß von grünem Tee hinzu, daß der Vogel fast bedeckt ist. In diesem Aufguß wird er, zugedeckt, langsam gargedünstet, aber nicht länger, und mit den Nüssen und Sultaninen umlegt angerichtet. Der Satz wird mit brauner Sauce verkocht und über den Fasan gegossen.

Schneehuhn (Belaja kuropatka)

Die in Rußland so beliebten Schneehühner werden ebenso wie Rebhühner behandelt. Jetzt sind sie eine Delikatesse geworden.
Schneehühner werden im heißen Ofen rasch etwa 18 Minuten gebraten, wobei sie des öfteren zu begießen sind; sie müssen innen noch rosig sein, wenn sie ihren vollen Geschmack entwickeln sollen. Nachdem sie aus der Pfanne genommen worden sind, löscht man den Bratensatz mit wenig Bouillon und reichlich saurer Sahne ab, kocht ihn ein, seiht ihn durch und serviert ihn gesondert.

Haselhuhn auf kaukasische Art (Rjabtschik po kawkaski)

Für vier Personen schneidet man zwei vorgerichtete Haselhühner der Länge nach in zwei Teile, die man mit in Scheiben geschnittenem Wurzelwerk und einer Zwiebel drei Tage in einer Weinwürze liegen läßt. Zum Gebrauch werden die Stücke abgewischt, scharf angebraten und mit der Beize weichgeschmort. Kurz vor dem Anrichten bindet man mit ¼ l saurer Sahne, der etwa 30 g geriebener Käse beigegeben worden ist. Dazu ißt man Sauerkraut.

Wildbret

Frischlingsbraten

Die Frischlinge, das sind junge Wildschweine, die nicht älter als ein Jahr sein dürfen, sind sehr delikat. Man brät sie, eingehüllt in Speckscheiben, in heißer Butter unter Beigabe von einigen zerdrückten Wacholderbeeren und natürlich auch gesalzen und gepfeffert.

Geschmorter Hase (Tuschony sajaz)

Zunächst bereitet man eine Marinade, indem man mit Wasser verdünnten Rotwein (in Rußland eignet sich der Krimwein vorzüglich dazu), etwas Essig, in Stücke geschnittene Zwiebel, Mohrrübenscheiben und recht viele Kräuter wie Petersilie, Dill, ein Lorbeerblatt, Thymian, ein paar zerdrückte Wacholderbeeren, eine Prise Salz und zwei bis drei Stück Zucker aufkochen, fünfzehn Minuten langsam kochen und erkalten läßt. Mit dieser Marinade übergießt man Hasenrücken und -keulen, so daß das Fleisch völlig davon bedeckt ist, und läßt es vierundzwanzig Stunden darin liegen. Dann nimmt man das Hasenfleisch aus der Marinade heraus, trocknet es gut ab, umbindet es mit dünnen Speckscheiben und brät es in einem tiefen Tiegel in Butter mit etwas Zwiebel kurz an. Einen Teil der Marinade, in der man eine Tasse saure Sahne verrührt hat, gießt man über das Fleisch und läßt es langsam garschmoren. Sobald das Fleisch fertig ist, zerlegt man es, tut es auf eine tiefe Schüssel und gießt die Sauce, der man, falls erforderlich, noch etwas in der Marinade verrührte saure Sahne und ein kleines Glas Weinbrand beigefügt hat, darüber.
Dazu reicht man Kartoffelpüree und Preiselbeerkompott.

Hasenreste mit Sauerkraut

Reste von Hasenbraten werden kleingeschnitten und mit der übriggebliebenen Bratensauce vermengt. In eine gefettete feuerfeste Form legt man als unterste Schicht Kartoffelpüree, darauf mit reichlich Äpfeln geschmortes Sauerkraut, dann das Hasenfleisch, über das man noch ein Glas Madeira gießen kann, wieder Kraut und als Abschluß abermals Kartoffelpüree. Man streut Semmelbrösel oder geriebenes

Schwarzbrot über das Gericht, übergießt es mit geschmolzener Butter und läßt es im Ofen überbacken.

Hasenleber mit Makkaroni

Hasenleber wird in Streifchen geschnitten, in Butter mit geriebener Zwiebel, Speckwürfeln und Apfelstücken leicht angebraten, mit gekochten Makkaroni vermengt, gesalzen, gepfeffert, mit Butterflöckchen belegt und im Ofen kurz überbacken.

Kaninchenbraten

Das Kaninchen brät man in der gleichen Weise wie den Hasen, nur braucht man weniger Fett zum Braten, da das Kaninchen fetter ist als der Hase. Zum Sämigmachen der Sauce kann man ein Stückchen Schwarzbrot mitbraten lassen, nach Belieben zum Schluß auch einen Eßlöffel Senf anrühren. Man muß den Kaninchenbraten häufig begießen, damit er recht schön braun wird. So zubereitet, kann er auch einen verwöhnten Gaumen befriedigen.

Schlachtfleisch

Kasinokoteletts
(War in den russischen Offiziersmessen beliebt)

500 g Rinderhackfleisch vermischt man gut mit einer in Milch, Wasser oder Bouillon geweichten rindenlosen Semmel, gibt eine feingehackte, in Butter oder Öl angebräunte Zwiebel, ein verquirltes Ei, Salz, Pfeffer dazu und formt aus der Masse runde Klopse, die man in Paniermehl wälzt und auf der Pfanne in Fett brät, erst auf starker, dann auf schwacher Flamme. Die fertiggebratenen Koteletts legt man auf eine angewärmte Schüssel, läßt in der Pfanne ein weiteres Stück Butter schmelzen, verrührt sie mit heißer Brühe, fügt etwas Sahne hinzu und gießt nach Aufkochen die so gewonnene Sauce über die Koteletts, die in der Sauce serviert werden.
Dazu Kartoffeln und saure Gurken.

Bœuf Stroganow (Bef Stroganow)

Hier gibt es mehrere Zubereitungsarten, von denen keiner mehr sagen kann, welche die richtige ist. In allen Fällen wird Rinderfilet in kurze dicke Streifen oder in kleine Würfel geschnitten, in heißer Butter rasch rosig gebraten und auf einen Durchschlag geschüttet, der abfließende Saft wird aufgefangen. Bei der einfachsten Art wird dieser Saft mit dem Bratensatz und etwas Tomatensauce verkocht, das Fleisch damit geschwungen und sofort serviert, damit es innen rosa bleibt. Unter keinen Umständen darf es in der Sauce kochen, da es zähe werden würde.
Das in Würfel geschnittene Fleisch wird scharf angebraten, damit es noch blutig ist. Daneben röstet man für 500 g Fleisch zwei gehackte Zwiebeln goldgeld, bestäubt sie mit wenig Weizenmehl und verkocht sie mit dem abgefangenen Saft und etwas Bouillon zu einer nicht zu dicken Sauce, die mit Senf, Essig und Zitronensaft abgeschmeckt wird. Nachdem noch etwas saure Sahne hinzugefügt worden ist, wird das Fleisch rasch in der heißen Sauce durchgeschwenkt und sofort angerichtet.
Vor dem Ersten Weltkrieg bereitete man das Gericht im Hotel Metropol in Moskau auf folgende Weise, die auch heute noch beliebt ist: Das in kurze Streifen geschnittene Filet wird scharf, aber noch blutig ge-

braten und abgeschüttet. Den Bratsatz kocht man mit dem aufgefangenen Saft und saurer Sahne zu einer dicklichen Sauce, die mit Zitronensaft abgeschmeckt wird. Für 500 g Fleisch schneidet man 125 g frische Champignons in Scheiben, brät sie in Butter und gibt sie zu dem Fleisch. Darüber hinaus werden zwei mittelgroße saure Gurken geschält, in Streifen geschnitten und in der Sauce einmal aufgekocht. Nun zieht man die Sauce beiseite, gibt die Champignons und das Fleisch hinein, schwenkt alles gut durch (die Sauce muß genügend Bindung haben) und serviert das Gericht mit Bratkartoffeln.

Srasy mit Buchweizengrütze

500 g Rindfleisch, am besten vom Filet, werden in Scheiben geschnitten, mit Salz und Pfeffer bestreut und mit Buchweizengrütze, der man eine feingehackte, in Öl glasig gedünstete Zwiebel beigemischt hat, gefüllt. Zusammengerollt und umbunden wälzt man die Srasy in Mehl und läßt sie in Öl, Butter oder Kokosfett von allen Seiten bräunen. Wenn dies geschehen, gießt man eine Tasse Bouillon, in der man eine halbe Tasse saure Sahne verrührt hat, über die Srasy, läßt sie auf kleiner Flamme garen und serviert sie in der Sauce.

Großrussische Srasy mit Schwarzbrotfüllung

Dünne Scheiben von schierem Rindfleisch klopft man, salzt und pfeffert sie und läßt sie eine halbe Stunde stehen. Dann dünstet man eine feingehackte Zwiebel in Öl oder Butter glasig, fügt kleingeschnittene Champignons und schließlich altbackenes, geriebenes Schwarzbrot (Vollkornbrot), das man mit kräftiger Bouillon übergossen hat, hinzu. Diese Mischung wird gut durchgekocht, falls nötig werden Salz und Pfeffer dazugetan, mit gewiegter Petersilie und Dill bestreut. Mit der so zubereiteten Farce bestreicht man die Fleischscheiben, rollt sie zusammen und umbindet sie mit einem Faden. In zerlassenem Nierenfett brät man die Srasy kurz an, dreht dann die Flamme klein und läßt sie langsam garschmoren, wobei man nötigenfalls noch Bouillon zugießt.

Srasy Nelson

Aus einem Stück Rinderlende schneidet man Scheiben, etwas kleiner als für Rouladen, und brät sie auf der Pfanne in Butter an. Zwei feingeschnittene, in Butter gedünstete Zwiebeln vermengt man mit einer Handvoll gehackter, ebenfalls in Butter gedünsteter Pilze. Nun füllt man eine gefettete feuerfeste Form abwechselnd mit einer Lage Fleischscheiben und einer Lage Zwiebel-Pilz-Masse. Den auf der Pfanne verbliebenen Bratensatz kocht man mit saurer Sahne oder Dosenmilch los, gießt ihn über die Srasy, bedeckt die Form mit einem Deckel und läßt das Gericht eine halbe Stunde in der Röhre dünsten.

Polnische Kolduny

500 g Rindfleisch gibt man mit 200 g Nierenfett durch die Fleischmaschine, fügt eine feingehackte, in Fett gedünstete Zwiebel, Salz und Paprika hinzu und mischt alles gut durcheinander. Aus 500 g Mehl, einer halben Tasse Wasser und einem Ei bereitet man einen Teig, der so dick sein muß, daß er sich gut ausrollen läßt. Mit einem Wasserglas sticht man runde Scheiben aus dem Teig, legt auf die Hälfte der Scheiben ein Häufchen der vorgenannten Füllung, klappt die andere Hälfte darüber, drückt die Ränder fest zusammen und läßt die Kolduny vorsichtig in leicht gesalzenes siedendes Wasser gleiten, in dem sie etwa zehn Minuten kochen müssen. Wenn sie an die Oberfläche kommen, sind sie fertig; man nimmt sie mit einem Schaumlöffel heraus, läßt sie abtropfen und serviert sie mit geschmolzener Butter übergossen.

Ukrainische Pelmeni

werden auf die gleiche Weise zubereitet wie die Kolduny, nur besteht die Füllung aus drei Viertel Rind- und einem Viertel Schweinefleisch, wobei dann das Nierenfett natürlich wegfällt.

Kohlrouladen (Golubzy)

Rinderhackfleisch vermengt man mit körnig gekochtem Reis, salzt, pfeffert und stellt es beiseite. Von einem Weißkohlkopf löst man die

Blätter, die man kurz überbrüht. Die dicksten Rippen schneidet man heraus, füllt jedes Kohlblatt mit der Mischung aus Fleisch und Reis, rollt es zusammen, umbindet es mit einem Faden und läßt die Golubzy auf der Pfanne in zwei Löffeln Fett von allen Seiten bräunen. Nun legt man die Golubzy in eine gefettete Form, verrührt auf der Pfanne Tomatenmark, Butter und etwas saure Sahne, übergießt damit die Rouladen und läßt sie auf kleiner Flamme oder in nicht zu heißem Ofen langsam gar werden, wobei man sie hin und wieder mit der Sauce begießt.

Fleischküchlein (Bitki)

Rinderhackfleisch vermischt man mit einer in Milch geweichten Semmel, fügt Salz, Pfeffer, eine in Butter gedünstete feingehackte Zwiebel und ein verquirltes Ei hinzu, mischt alles gut durcheinander und formt ovale fingerdicke Küchlein daraus, die man in Mehl wälzt und auf der Pfanne in Butter von beiden Seiten brät. Wenn sie schön braun sind, begießt man sie auf der Pfanne mit einer Tasse saurer Sahne und stellt sie in den Ofen oder in das Grillgerät, bis sich auf der Oberfläche eine bräunliche Kruste bildet. Man serviert sie mit Kartoffelpüree.

Kurische Milchklopse

Etwa 375 g Rinderhackfleisch wird mit einer Tasse Milch vermengt und etwa eine Stunde ruhengelassen. Dann würzt man die Masse mit Salz und Pfeffer, sticht mit einem Löffel Klöße ab und brät sie auf der Pfanne in heißer Butter goldbraun. Der Bratsatz der Pfanne, den man mit Wasser oder Bouillon losgekocht hat, gibt die Sauce für die Milchklopse ab.

Geschmortes Rindfleisch (Tuschonaja gowjadina)

Für jede Person rechnet man ein Rumpsteak von etwa 160 g, das leicht geklopft und in ein feuerfestes Geschirr aus Porzellan oder Glas gelegt wird, das zuvor mit Butter ausgestrichen worden ist. Hier kommt je Person etwa eine kleine Mohrrübe, eine weiße Rübe, 50 g Sellerieknolle, 50 g Petersilienwurzel, ein kleines Stück Lauch und Weißkraut, alles in kleine dünne Scheiben geschnitten. Es wird leicht mit

Salz und Pfeffer gewürzt, mit Bouillon bis zur Höhe aufgegossen, und dann wird das Steak, zugedeckt, in der Röhre gedünstet, bis alles gar ist. Man serviert das Gericht in der Kasserolle reichlich mit gehacktem Dill bestreut.

Baltischer Flickerklops

Zwei feingehackte Zwiebeln werden in reichlich Fett gebräunt, ein kleiner Löffel Mehl wird darübergestreut, Salz, Pfeffer und nicht zuwenig saure Sahne (oder Dosensahne) daraufgegeben. Sobald die Sauce kocht, tut man 500 g Rinderschabefleisch hinein, verteilt es mit einer silbernen Gabel gut über die ganze Fläche der Pfanne, es dabei leicht auflockernd, und läßt es heiß werden. Das Fleisch darf nicht mehr roh sein, darf aber auch nicht trocken werden. Hier die richtige Grenze zu finden, entscheidet über die Schmackhaftigkeit dieses Schnellgerichts.
Grüner Salat oder Endiviensalat passen gut dazu.

Beefsteak à la Tatar

Zum Rohessen bestimmtes Rinderschabefleisch vermischt man mit Salz, Pfeffer und feingehackter Zwiebel, formt runde Klopse daraus (etwa 125 g Fleisch pro Person), macht in die Mitte eine Vertiefung, in die man je ein Eigelb legt, und verziert das Tatarbeefsteak mit Sardellenfilets, Kapern und Pfeffergürkchen. Öl und Essig nimmt sich jeder nach Belieben. Etwas für den männlichen Geschmack!

Das Kalbfleisch

ist wohl das gesündeste Fleisch, das auch von Ärzten als Diät- und Schonkost empfohlen wird und in seiner leichten Verdaulichkeit dem Hühnerfleisch gleichzusetzen ist. Es belastet den Magen nicht und macht den Geist nicht träge, ist dabei sehr schmackhaft und kann abwechslungsreich zubereitet werden. Ein berühmter Gastrosoph hat einmal das Kalb als »Chamäleon der Küche« bezeichnet. Er hat recht: In vielfältig sich wandelnder Weise kann das Kalb unsere kulinarischen Ansprüche befriedigen. Auch ist es das Fleisch für Geistesarbeiter und für Genesende, die allmählich wieder in den Vollbesitz ihrer

Kräfte gelangen wollen, ebenso für kleine Menschlein, die am Anfang ihres Lebensweges stehen, und für Menschen, die mit weisem Lächeln sich dem Ende ihres Weges nähern.

Der Kalbsbraten, der in früheren Zeiten in guten baltischen Bürgerkreisen (übrigens auch in preußischen) als traditioneller Sonntagsbraten auf den Tisch kam, wird entweder aus der Keule oder aus dem Rücken genommen. Seine Zubereitung zu beschreiben, erübrigt sich, da sie keinerlei Besonderheiten aufweist.

Kalbskotelett à la Donon
(Donon war ein Restaurant der Petersburger Feinschmecker)

Zunächst schneidet man etwa 300 g gewöhnliches, aber weiches Rindfleisch in dünne Scheiben, die man möglichst flach klopft und mit nicht zu wenig Salz und Pfeffer bestreut. Mit diesen so vorbereiteten Rindfleischscheiben umwickelt man die zum Braten bestimmten Kalbskoteletts und brät sie in üblicher Weise auf der Pfanne in Butter von beiden Seiten. Damit die Rindfleischscheiben während des Bratens nicht abfallen, bindet man sie mit Bindfaden über die Koteletts. Vor dem Anrichten entfernt man sowohl die Fäden als auch die Rindfleischumhüllung und ißt nur die Kalbskoteletts, die durch das Mitbraten des Rindfleisches einen besonders köstlichen Geschmack gewonnen haben.

Kalbsreste in Béchamelsauce auf russische Art

Kalbsbratenreste schneidet man in kleine Stücke, legt sie in eine gefettete feuerfeste Form und gießt so viel Béchamelsauce darüber, daß das Fleisch ganz davon bedeckt ist. Mit reichlich geriebenem Käse bestreut und mit Butterflöckchen belegt, läßt man das Gericht im Ofen fünfzehn bis zwanzig Minuten bräunen.

Schmantschnitzel

Schnitzel werden wie üblich auf der Pfanne in Butter gebraten, nur gibt man in das Bratenfett, nachdem man die fertigen Schnitzel herausgenommen hat, einen Eßlöffel sauren Schmant (saure Sahne), verrührt ihn mit dem Bratensatz, läßt einmal aufkochen und gießt die so gewonnene Sauce über die Schnitzel, die man in der Sauce serviert. Dazu Bratkartoffeln und junge Erbsen.

Kotelett Posharski

375 g gehacktes Kalbfleisch, dem man etwas Kalbsnierenfett oder zwei Löffel Butter beigegeben hat, vermengt man gut mit einer in Milch geweichten, rindenlosen Semmel, fügt Salz und Pfeffer hinzu und formt davon ovale Frikadellen, die man in verquirltem Ei und Semmelbröseln wälzt und auf der Pfanne in heißer Butter oder Margarine in acht bis zehn Minuten von beiden Seiten goldbraun brät. Wenn die Koteletts fertig sind, nimmt man sie aus der Pfanne und gibt sie auf eine angewärmte Schüssel. Das auf der Pfanne verbliebene Bratfett kocht man mit etwas Fleischbrühe oder Wasser los, seiht es durch und gießt es über die Koteletts. Zuckererbsen runden das Gericht schmackhaft ab.

Kalbszunge in Madeira

Eine schöne Kalbszunge wird sorgfältig gewaschen und in Salzwasser unter Beigabe von kleingeschnittenem Suppengrün, gewiegter Petersilie, Dill, Lauch und Gewürzkörnern langsam weichgekocht, was etwa eine halbe Stunde beansprucht. Dann nimmt man die Zunge aus der Brühe, zieht die Haut ab und gibt die Zunge wieder in die auf kleinster Flamme stehende Brühe zurück, um sie warmzuhalten.
Man bereitet eine Madeirasauce, die man mit der Zungenbrühe auffüllt, und richtet die in Scheiben geschnittene Zunge in der Madeirasauce an.

Kalbsbrust auf kurländische Art

Man schneidet eine ganze oder auch nur ein größeres Stück Kalbsbrust, deren Knochen entfernt worden sind, der Länge nach auf, füllt sie mit schönen, zuvor eingeweichten, entkernten Backpflaumen und näht sie zu. Dann wird sie gut angebraten, auf geröstete Zwiebel- und Mohrrübenscheiben gelegt, etwas Fleischbrühe oder auch nur Wasser aufgegossen, wonach man sie langsam etwa 1½ Stunden schmort. Beim Anrichten zieht man den Faden heraus, schneidet sie in Scheiben, garniert sie mit kleinen, braungebratenen Zwiebelchen und gibt Kartoffelpüree und den mit Stärkemehl gebundenen und durchgeseihten Fond extra.

Panierte Kalbskarbonade

Die gut geklopften Karbonaden (Koteletts) salzt und pfeffert man, wälzt sie in verquirltem Ei und Semmelbröseln und brät sie auf der Pfanne in heißer Butter fünf bis sechs Minuten von jeder Seite.
Dazu Gurken- oder Tomatensalat.

Kalbsschnitzel mit Pilzen und Schmant auf baltische Art

Der Boden einer gefetteten feuerfesten Form wird mit feingehobelten rohen Kartoffeln belegt, die man mit Salz und Pfeffer bestreut. Darauf gibt man Kalbsschnitzel, feingeschnittene, in Butter gebratene Champignons oder Steinpilze, kleingeschnittene Schalotten, gewiegte Petersilie und darüber wieder eine Kartoffelschicht, die man mit Butterflöckchen belegt und so viel saure Sahne darübergießt, daß sie mit dem oberen Kartoffelrand abschließt. Dann läßt man das Gericht eine bis anderthalb Stunden im Ofen bräunen.

Kalbsragout mit Backpflaumen

500 g schieres Kalbfleisch werden in kleine Stücke geschnitten und mit zwei feingehackten Zwiebeln in Fett angebräunt; man stäubt Mehl darüber und läßt auch dieses Farbe annehmen. Dann legt man das Fleisch in eine gefettete feuerfeste Form, gibt die tags zuvor eingeweichten Backpflaumen mit ein wenig von dem Wasser, in dem sie geweicht wurden, dazu, füllt mit Weißwein auf und läßt das Ragout langsam gar werden. Mit Salz, Pfeffer, einer Spur Muskat und der abgeriebenen Schale von einer halben Zitrone würzen und anrichten.

Schweinefleisch

Schweinefleisch erfreut sich nicht nur wegen seiner relativen Billigkeit, sondern auch wegen der Vielfalt seiner Verwendungsmöglichkeiten, als da sind: Sülze, Eisbein u. a. m., allergrößter Beliebtheit; es ist aber wegen seines großen Fettgehaltes schwer verdaulich und steht allen Schlankheitsbestrebungen hindernd im Wege. In geschmacklicher Beziehung kann es sich mit Ehren neben den anderen Fleischsorten behaupten; man denke nur an einen knusprigen Schweinebraten! Nur sollte man sich nie verlocken lassen, bei einem etwaigen längeren Aufenthalt an der See Schweinefleisch von einem dortigen Fischer zu kaufen. Wir haben das einmal erlebt: Wir hatten ein wundervoll aussehendes Stück Schweinefleisch von einem Fischer erstanden und sahen voll Freude dem Genuß entgegen. Schon der erste Bissen des gut gebratenen, knusprigen Fleisches war kaum herunterzubringen, es schmeckte so widerlich nach Fisch, was sich mit der Eigenart des Schweinefleisches höchst schlecht vertrug, daß man es beim besten Willen nicht essen konnte. Nachher stellten wir fest, daß der Fischer, wie das am Meer häufig der Fall sein soll, seine Schweine ausschließlich mit Fischen fütterte, was das Fleisch völlig ungenießbar macht. Dies sei nur am Rande vermerkt als Warnung für Familien, die ihre Sommerfrische in einem Fischerdorf am Meer verleben. Nun zu den genießbaren Schweinen:

Baltische Schweinekarbonade

Man salzt und pfeffert die Karbonaden (Koteletts), wendet sie in Ei und Semmelbröseln und brät sie wie üblich fünf bis sechs Minuten von jeder Seite auf der Pfanne in wenig Fett. Falls die Karbonaden sehr fett sind, schneidet man am besten vor dem Braten den Fettrand ab, zerteilt ihn in kleine Würfel und läßt sie auf der Pfanne ausbraten. Eine besondere Note bekommen diese Schweinekarbonaden dadurch, daß man Birnenscheiben mitbraten läßt und Meerrettich dazu gibt.

Schweinekeule auf russische Art

Eine kleine Schweinekeule läßt man vierundzwanzig Stunden in einem essiggetränkten Tuch liegen, nimmt sie dann heraus, trocknet sie ab und brät sie wie jeden anderen Braten im Brattiegel. Man reibt die Keule mit etwas Salz ein, gießt kochendes Wasser darüber und schiebt den Tiegel in den Ofen, bis das Wasser verdunstet ist, und brät sie in dem Fett gar. Von Zeit zu Zeit begießt man das Fleisch mit dem Fett. Ein bis zwei kleingeschnittene Zwiebeln läßt man mitbraten. Die Bratdauer beträgt zwei bis zweieinhalb Stunden, da Schweinefleisch gut durchgebraten werden muß, nicht nur aus Gründen des Geschmacks, sondern auch aus Gründen der Bekömmlichkeit.

Pökelkamm (Solonina)

Ein Stück Pökelkamm von 500 bis 750 g wird einige Stunden gewässert, wobei man das Wasser mehrmals wechselt, dann einmal überbrüht und in kaltem Wasser ohne Salz zum Kochen aufsetzt. Das Fleisch muß von dem Kochwasser völlig bedeckt sein. Man läßt Suppengrün mitkochen, bedeckt den Kochtopf mit einem Deckel und dreht, sobald das Wasser kocht, die Flamme klein, so daß das Fleisch langsam gar werden kann. Das fertige Pökelfleisch tranchiert man, legt es auf eine Platte, umgibt es mit einem Rand von Kartoffelpüree und übergießt es mit eine Teil der dazu bereiteten Meerrettichsauce, während man die übrige Sauce gesondert serviert.
Man kann die Meerrettichsauce auch weglassen und statt dessen gedünstete Backpflaumen zum Fleisch essen, was in Rußland beliebt ist.

Schweineschnitzel in Schmant

Man belegt den Boden einer gefetteten Glasbackform mit einer Schicht in dünne Scheiben geschnittener oder noch besser gehobelter roher Kartoffeln, die man mit Salz, Pfeffer, geriebener Zwiebel und Kümmel bestreut; darauf kommen Schweineschnitzel, wieder eine Kartoffelschicht, nochmals Schnitzel und als Abschluß abermals Kartoffeln. Jede Kartoffelschicht wird immer aufs neue mit Salz, Pfeffer, Zwiebeln und Kümmel bestreut. Nun gießt man so viel Sahne (Schmant) über das Gericht, daß sie bis an den obersten Kartoffelrand reicht, und läßt das Ganze ein bis zwei Stunden langsam garen.

Schweinekarbonade auf kurische Art

Nicht allzu dicke, gut geklopfte Schweinekarbonaden legt man schichtweise mit Zwiebelringen in eine gefettete feuerfeste Form, würzt mit Salz, Pfeffer und Kümmel, gießt kochendes Wasser darüber und läßt das Fleisch langsam dünsten. Man achte darauf, daß das Fleisch sehr weich wird und nicht austrocknet. Nötigenfalls füllt man noch etwas Wasser auf. Zum Schluß gibt man noch ein Glas Weißwein an das Fleisch.
Man reicht Salzkartoffeln und Beetensalat dazu.

Kurischer Schmantschinken

Nicht zu dünne Scheiben von rohem Schinken, an dem man den Fettrand stehen läßt, gibt man schichtweise mit Zwiebelscheiben und ein wenig Pfeffer in eine gefettete feuerfeste Form und gießt so viel Schmant (Sahne) darüber, daß die Schinkenscheiben völlig bedeckt sind. Man läßt das Gericht auf kleiner Flamme etwa dreißig Minuten dünsten, streut feingewiegten Schnittlauch und gehacktes hartgekochtes Ei darüber und gibt es mit grünem Salat zu Tisch.

Bigosch mit Sauerkohl

250 g Sauerkohl werden mit 60 g Speck in zwei Tassen Bouillon gedämpft. Wenn der Kohl halb fertig ist, nimmt man den Speck heraus und gibt kleingeschnittene Reste von Schweinebraten und in Stücke geschnittene Schweinewürstchen (auch Rindfleischreste und Reste von kaltem Geflügel können dazu genommen werden) in den Kohl, salzt, pfeffert, fügt nach Belieben auch noch eine in Fett gedünstete geriebene Zwiebel hinzu und läßt das Gericht, das man überdies auch noch mit Kümmel bestreut (letzteres aber nur, wenn keine Geflügelreste dabei sind), langsam garen.

»Schlesisches Himmelreich«

Aus Kinderzeiten bewahre ich diesem Gericht die freundlichste Erinnerung und will es deshalb auch meinen Lesern und Leserinnen nicht vorenthalten. Auf welchen Umwegen sich dieses Rezept aus Schlesien in unsere Heimat, das Baltikum, verirrt hat, weiß ich nicht, jedenfalls gehörte es bei uns zur Kategorie der Familiengerichte. Man braucht dazu vor allem geräuchertes Schweinefleisch, das man in wenig Wasser langsam halbweich kochen läßt. Tags zuvor hat man 500 g Backobst nach mehrmaligem Waschen zum Weichen in Wasser gelegt, das man jetzt mitsamt dem Wasser an das langsam kochende Schweinefleisch gibt. Alles zusammen dämpft nun langsam, bis Fleisch und Obst weich sind. Erscheint einem die Flüssigkeit, in der Backobst und Fleisch ruhen, nicht sämig genug, so kann man dem durch einen Teelöffel in kaltem Wasser aufgelösten Kartoffelmehls nachhelfen. Man gibt dazu: Kartoffelklöße, Mehl- oder Grießklößchen.

Okroschka II

Verschiedenartiges kaltes Fleisch (es können auch allerlei Reste sein), insgesamt etwa 575 g, z. B. gebratenes oder gekochtes Rindfleisch, gebratenes Kalbfleisch, Wild, gekochter Schinken und Pökelzunge wird kleingeschnitten, ebenso zwei saure Gurken und ein bis zwei hartgekochte Eier. Alle diese Zutaten gibt man in eine Terrine, fügt Salz, eine Prise Zucker, einen Teelöffel Senf, zwei Eßlöffel saure Sahne, Petersilie, Schnittlauch, Dill hinzu (es hat sich als praktisch bewährt, zum Zerkleinern von Kräutern eine Schere zu benutzen, die man speziell für Küchenzwecke bereithaben sollte) und übergießt das Ganze mit 2 l Kwas. Der Hauptreiz dieser in Rußland sehr beliebten Suppe liegt in ihrer Eiseskälte; man füge deshalb, sofern man keinen Kühlschrank hat, kurz vor dem Anrichten ein Stückchen Eis in die Okroschka.

Pot-au-feu russe

Zunächst kocht man eine Bouillon auf die übliche Weise und seiht sie durch ein Sieb. Einen kleinen Weißkohlkopf befreit man von den äußeren Blättern, überbrüht ihn, schneidet die Rippen heraus und dreht die einzelnen Blätter zu Kügelchen zusammen, die man mit ein bis zwei feingeschnittenen Mohrrüben, einigen Stückchen Sellerie, etwas zerschnittenen Lauch und ein paar Kartoffelstückchen in der Bouillon weichkocht. Vor dem Anrichten streut man feingewiegte Petersilie und Dill in die Suppe. Hat man die Bouillon mit Fleisch gekocht, so gibt man das kleingeschnittene Fleisch mit in die Suppe hinein.

Litauische Gänsekleinsuppe

Gut gewaschenes Gänseklein setzt man zusammen mit Suppenfleisch oder auch nur mit Suppenknochen in kaltem Wasser auf, läßt einmal aufkochen, schöpft den sich bildenden Schaum ab und gibt reichlich Suppengrün, zwei bis drei würfelig geschnittene rohe Kartoffeln, eine zerschnittene Zwiebel, etwa zwei bis drei kleingeschnittene Salzgurken sowie eine halbe Tasse von der Gurkenlake in die Brühe. Nun läßt man die Suppe auf kleiner Flamme langsam kochen, bis das Gänseklein weich ist. Die Gänseleber nimmt man schon nach zehn- oder fünfzehnminutenlangem Kochen heraus, um das Hartwerden zu vermeiden, und fügt sie erst zum Schluß wieder der Suppe bei. Ist das Fleisch gar, dann nimmt man es heraus, schneidet es klein und gibt es in die Suppe zurück. Die Knochen, die man mitkochen ließ, werden natürlich aus der Suppe entfernt. Vor dem Anrichten kommt eine halbe Tasse saure Sahne in die Terrine, oder man reicht die saure Sahne gesondert zur Suppe.

Man kann auch Perlgraupen in der Suppe mitkochen lassen und kurz vor dem Servieren ein bis zwei geschälte, kleingeschnittene Äpfel.

Kurisch Jux

In der Zubereitung unterscheidet sich diese Suppe nicht von der vorigen, nur daß man sie zusammen mit geräuchertem Schaffleisch und einigen großen Stücken Kohlrübe kocht. Sie wurde allerdings nur in Kurland gegessen, war jedoch dort sehr beliebt und erhielt den Namen »Kurisch Jux«.

Mehlklößchen

Ein bis zwei Milchbrötchen weicht man in Wasser, drückt sie gut aus, fügt zwei verquirlte Eier, etwas Salz und in Butter gebräunte Semmelwürfelchen und so viel Mehl hinzu, daß der Teig zusammenhält; dann sticht man mit einem in Wasser getauchten Löffel Klößchen ab, die man in siedendes, leicht gesalzenes Wasser legt und eine halbe Stunde darin kochen läßt.

Grießklößchen

Eine Tasse Milch läßt man mit einem Stück Butter und einer Prise Salz aufkochen, schüttet eine halbe Tasse Grieß unter ständigem Rühren allmählich dazu und rührt den Brei so lange, bis sich die Masse leicht vom Kopftopf löst. Dann zieht man den Topf vom Feuer, fügt zuerst ein verquirltes Ei hinzu und, nachdem es sich mit dem Brei völlig verbunden hat, noch ein zweites; nach Erkalten sticht man mit einem Löffel Klößchen ab, die man in kochendem Wasser langsam fünf Minuten ziehen läßt.

Schaschlik auf kaukasische Art

500 g gut geklopftes fettes Hammelfleisch (anderes Fleisch, Leber oder Fleischreste kommen keinesfalls in Frage) schneidet man in Scheibchen, auch das von dem Fleisch abgetrennte Fett, bestreut es mit Salz und Pfeffer, legt es in ein irdenes Gefäß, lagenweise mit Zwiebelringen, grüner Petersilie und winzigen Knoblauchstückchen und übergießt es mit einer Marinade, die man aus Essigwasser, Gewürzkörnern, Zwiebeln, Wurzelwerk und einem Lorbeerblatt gekocht hat und erkalten ließ. Man läßt das Fleisch nun einige Stunden in der Marinade liegen, nimmt es dann hcraus, trocknet es mit einem Tuch gut ab und steckt abwechselnd ein Scheibchen Fleisch, ein Zwiebelscheibchen und ein Stückchen Fett auf einen kleinen Metallspieß. Die Marinade hat ihren Zweck erfüllt, indem sie dem Fleisch und Fett Aroma und Würze gegeben hat.
In seinem Ursprungsland wird der Schaschlik auf offenem Holzkohlenfeuer geröstet; man kann ihn aber auch, was sich für hiesige Verhältnisse empfiehlt, auf der Pfanne braten wie Beefsteak, nur daß er auf Spieße gespickt brät. Dann reicht man ihn, ohne ihn von den Spießen zu nehmen, zu körnig gekochtem Reis, den man mit dem auf der Pfanne sich bildenden Bratensatz begießt und mit Tomatenscheiben belegt.

Schaschlik auf Tatarenart (Schaschlyk po tatarski)

Ein Stück zarte Hammel- oder Lammkeule schneidet man in walnußgroße Würfel, ein Stück rohen Schinken und ein Stück fetten Speck in gleichgroße viereckige Scheiben. Diese Zutaten werden abwechselnd auf kleine Spießchen gesteckt, gewürzt, mit zerlassener Butter oder Öl bestrichen und gegrillt, notfalls auch in der Pfanne gar- und braungebraten. Reis wird in Salzwasser gar, aber körnig gekocht, gut abgetropft und mit einem Stückchen Butter durchgedünstet. Die Spießchen richtet man auf dem Reis an, damit der ausquellende Saft sich mit dem Reis vermischt.

Hammelkeule

Eine Hammelkeule wird leicht gesalzen, mit Mehl bestäubt und in der Bratenpfanne mit Butter oder Margarine von allen Seiten angebräunt, man gibt eine kleingeschnittene Zwiebel – evtl. auch ein Viertel zerdrückte Knoblauchzehe – hinein und brät die Keule unter häufigem Begießen, wobei man je Kilo 20 bis 25 Minuten rechnet; sie muß innen noch etwas rosig sein. Während der Bratzeit bedeckt man die Pfanne mit dem dazugehörigen Deckel, sofern man nicht einen Bratofen hat, in dem man die Keule braten kann.

Lammragout auf türkische Art

500 g Lammbrust oder -schulter zerteilt man in mittelgroße Stücke und brät sie im eigenen Fett scharf an. Man würzt mit Salz und Pfeffer und gibt einen Teelöffel gebräunten Zucker an das Fleisch. Sobald das Fleisch genügend angebraten ist, schöpft man das Fett ab, tut es in einen gesonderten Tiegel und röstet einen Löffel Mehl darin. Man löscht mit ¼ l Bouillon ab und gießt die Sauce wieder über das Fleisch. Sodann gibt man drei abgehäutete, in Scheiben geschnittene Tomaten, Petersilie, Majoran und eine zerdrückte Knoblauchzehe dazu und läßt das Ragout bedeckt drei bis vier Stunden dämpfen. Schließlich fügt man noch zwei in Scheiben geschnittene Zwiebeln, zwei gewürfelte Mohrrüben und etwa vier zerschnittene rohe Kartoffeln (neue Kartoffeln sind besonders geeignet) sowie 250 g grüne Bohnen zu dem Gericht, das nun eine weitere Stunde fest bedeckt dämpfen muß, ehe man es serviert.

Besonders zu beachten: Alle Hammel- und Lammgerichte müssen, da das Fett sehr leicht gerinnt, auf heißer Platte angerichtet werden, und auch die Teller sollten stets heiß auf den Tisch kommen.

Gesulzte Hammelzunge auf russische Art

Die in üblicher Weise gekochte und abgezogene Zunge wird in Scheiben geschnitten, auf eine Platte gelegt und mit kleinen Gurken, Würfeln aus gekochten Mohrrüben oder Karotten, Zwiebelringen und Tomatenscheiben garniert. Aus der Zungenbrühe, Essig, Salz, Bouillonwürze und aufgelöster Gelatine (auf ½ l Flüssigkeit rechnet man sechs Blatt Gelatine) bereitet man Sulz, den man über die auf der Platte angerichteten Zungenscheiben gießt. Man läßt das Gericht erkalten und serviert es, wenn es völlig fest geworden ist.

Hammelrippchen mit Käse

Man klopft die Rippchen, salzt sie leicht und brät sie in heißem Fett oder Öl auf jeder Seite ganz kurz an. Dann bestreut man sie dick mit geriebenem Schweizer oder Parmesankäse und stellt die Pfanne, in der die Rippchen angebraten wurden, in den Ofen, damit der Käse bei guter Oberhitze schmilzt.
Zu den Rippchen gibt man Kartoffeln und gedünstete Tomaten.

Tscherkessische Fleischklößchen (Bitki tscherkesskije)

Rohes, ziemlich fettes Hammelfleisch wird durch die grobe Scheibe der Fleischmaschine getrieben. Man vermischt es mit einem Drittel der Menge körnig gekochtem, ausgekühltem und gut abgetropftem Reis, reichlich gehacktem Dill, Petersilie, grünen Zwiebeln oder Schnittlauch, ein wenig zerdrücktem Knoblauch und würzt mit Salz, Pfeffer, Paprika und gestoßenem Koriander. Von dieser Masse werden kleine runde Steaks geformt und in Öl auf beiden Seiten angebraten. Pilze, die man in dicke Scheiben geschnitten hat, sind in Öl anzubraten, mit etwas brauner Sauce aufzugießen und über die Bitki zu schütten, die man in der Sauce fertigdünstet. Man richtet sie mit kleinen, in Öl gebackenen Kürbis- und Eierfruchtscheiben an.

Saucen

In der Zubereitung von Saucen zeigt sich das Genie des Kochenden. Es ist eine Kunst an sich, die Saucen so zu bereiten, daß sie schmackhaft sind, dabei aber nie ihrer Aufgabe untreu werden, die darin besteht, den Eigengeschmack des Gerichts, zu dem sie gereicht werden, hervorzuheben und abzurunden, aber nie zu übertönen. Eine Sauce muß taktvoll sein! Wie in der Küche überhaupt, ist auch in bezug auf Saucen Frankreich führend, wo es annähernd 500 verschiedene Saucen gibt. Die große Kunst der französischen Saucenbereitung liegt darin, nie den Grundstoff außer acht zu lassen und herauszufinden, was er braucht, um zu einem vollendeten Gericht zu werden.

Burgundersauce

Einen halben Liter Burgunder kocht man zusammen mit einer ganz kleinen gehackten Zwiebel, zwei bis drei Petersilienstielen, einem halben, sehr kleinen Lorbeerblatt und etwas Thymian auf die Hälfte ein und passiert die Flüssigkeit durch ein Tuch. Hinzu gibt man einen halben Teelöffel Fleischextrakt und bindet sie mit 20 g Mehl, das mit 15 g Butter glatt vermengt worden ist. Nachdem die Sauce noch einmal aufgekocht hat, wird sie mit je einer Spitze Salz und Pfeffer gewürzt und walnußgroß Butter daruntergezogen. Wenn man sie zu Fleisch servieren will, das in der Pfanne gebraten worden ist, dann fügt man noch den losgekochten, durchgeseihten Bratensatz hinzu.

Madeirasauce

Diese Sauce im Haushalt zu bereiten, ist recht schwierig und setzt eine ausgezeichnete Grundsauce voraus. Man behilft sich am besten, indem man die im Handel erhältliche braune Bratensauce nach Vorschrift bereitet, die man nach Fertigstellung gut mit Madeira aromatisiert, nachher aber nicht mehr kochen läßt.

Béchamelsauce

Für einen Liter Sauce schwitzt man langsam 75 g Mehl in 55 g Butter an und achtet darauf, daß die Mehlschwitze weiß bleibt; sie muß andauernd gerührt werden. Diese Mehlschwitze wird mit einem Schneebesen flott mit 1 Liter heißer Milch verrührt, mit wenig Salz, einer Prise Pfeffer und einer Spitze geriebener Muskatnuß gewürzt und unter Hinzugabe von einem Zweig Thymian und einer mittelgroßen, in Scheiben geschnittenen Zwiebel ganz langsam 40 Minuten gekocht und dann durchgeseiht. Ist sie zu dick geworden, so setzt man beim Kochen noch etwas Milch hinzu.

Salzgurkensauce (Sos is soljonych ogurzow)

Für einen Liter Sauce schwitzt man 70 g Mehl in 60 g Butter hell an, rührt einen Teelöffel gehackte Petersilie darunter, füllt mit $9/10$ l Bouillon und $1/10$ l Salzgurkenlake auf und rührt die Sauce glatt. Man läßt sie einige Minuten durchkochen, gibt zwei mittelgroße, geschälte, in kleine Würfel oder in kurze Streifen geschnittene Salzgurken hinzu, läßt alles zusammen noch einmal aufkochen und würzt mit Salz und Pfeffer.

Sauerrahmsauce (Smetanny sos)

Eine große Zwiebel wird fein gehackt, leicht in Butter angedünstet und $1/10$ Liter Weißwein wird hinzugegossen. Nachdem der Wein fast völlig eingekocht ist, gibt man $1/2$ Liter saure Sahne hinzu, kocht die Sauce durch, würzt sie mit Salz und Paprika und seiht sie durch ein Sieb.

Meerrettichsauce auf russische Art

Man läßt in einem Tiegel einen Löffel Butter zergehen, stäubt einen Teelöffel Mehl darüber, füllt mit einer Tasse Bouillon auf, gibt geriebenen Meerrettich hinzu und läßt alles einmal kurz aufkochen. Dann schüttet man eine Tasse sauren Schmant (saure Sahne) an die Sauce, läßt erneut aufkochen, schmeckt mit Zitronensaft, Salz und Pfeffer ab und serviert sie.

Süßsaure Sauce auf kurische Art

Eine dunkle Grundsauce füllt man mit einer Tasse Bouillon auf und gibt folgende Ingredienzien hinzu: einen Löffel Zucker, zwei Zitronenscheiben (ohne Kern und Schale), den Saft von einer halben Zitrone, einen Eßlöffel gut gewaschener, überbrühter Rosinen, einen Eßlöffel entkernter, weichgedünsteter Backpflaumen nebst etwas von dem Pflaumenkochwasser. All dies vermengt man gut und läßt die Sauce einmal aufkochen.
Man gibt sie zu Kalbsfüßen oder auch zu gekochtem Fisch.

Baltische Specksauce

125 g Dörrfleisch schneidet man in kleine Würfel und läßt sie auf der Pfanne bräunen; dann gibt man einen Teelöffel Mehl dazu, das man ebenfalls Farbe annehmen läßt, füllt mit etwas Bouillon auf, gibt zum Schluß einen Löffel sauren Schmant in die Sauce und schmeckt mit Pfeffer und, falls der Speck nicht an sich schon sehr salzig ist, auch mit ein wenig Salz ab. Vor dem Anrichten streut man feingeschnittenen Dill darüber.

Schmantsauce

¼ Liter saure Sahne, die man mit einem knappen Löffel Butter aufkocht, vermengt man mit dem verquirlten Gelb von zwei Eiern, einer Prise Zucker und einem Teelöffel in kaltem Wasser aufgelösten Stärkemehl. Diese Mischung läßt man einmal aufkochen, salzt, pfeffert und durchsetzt sie mit reichlich feingeschnittenem Dill.

Zitronensauce

Ein Löffel Butter und ein kleiner Löffel Mehl werden gut verrührt und mit einer feingehackten Zwiebel auf der Pfanne angebräunt. Eine Tasse Bouillon wird dazugegeben, ebenso die hauchdünn geschnittene Schale von einer halben Zitrone, und alles läßt man auf kleinster Flamme ein paar Minuten ziehen. Dann seiht man die Sauce durch ein Sieb und fügt noch den Saft von einer Zitrone hinzu.
In Rußland beliebt zu Kalbshirn.

Baltische Kirschsauce

250 g Kirschen werden entkernt, drei bis vier Kerne zerstoßen und den Kirschen beigegeben, die man in einer Tasse Wasser durchkochen läßt und durch ein Sieb seiht. Dann gießt man ein Glas Madeira oder Weinbrand zu, fügt etwas abgeriebene Zitronen- oder Apfelsinenschale hinzu, rührt einen Teelöffel in kaltem Wasser aufgelöstes Stärkemehl in die Sauce, schüttet 100 g Zucker hinein und läßt alles einige Male aufkochen. Die Sauce darf nicht zu dünn sein, sondern muß eine cremeartige Konsistenz haben.
In Rußland ißt man diese Sauce zu Baben und Puddings.

Baltische Saftsauce

Hierzu eignen sich die verschiedensten Beeren: Johannisbeeren, Preiselbeeren, Erdbeeren, Heidelbeeren, Stachelbeeren. Man kocht 500 g einer dieser Beerensorten in wenig Wasser weich, streicht sie durch ein Sieb, gibt einen Eßlöffel in kaltem Wasser aufgerührtes Kartoffelmehl dazu, läßt noch einmal aufkochen und zuckert nach Geschmack. Nach Belieben kann man auch noch etwas Zitronensaft dazugeben.

Sauce à la Adlon

Zwei Eigelb, ein Löffel Butter, ein Löffel Zitronensaft, Salz und eine Spur Pfeffer werden im Wasserbad mit einem kleinen Schneebesen so lange geschlagen, bis die Sauce dickflüssig wird; dann gibt man ein wenig Fleischextrakt hinzu und stellt die Sauce kalt. Vor dem Anrichten gibt man zwei bis drei ganz fein gehackte Sardellenfilets und einen Teelöffel süßen Senf an die Sauce, die zum Schluß noch durch einen Teelöffel russischen Preßkaviar verfeinert wird.

Petersburger Hotelsauce

Man verquirlt drei Eigelb, fügt drei Eßlöffel Zucker und etwas feingeriebene Zitronenschale zu und gibt allmählich, unter ständigem Schlagen mit dem Schneebesen, eine Mischung aus einem halben Glas Madeira oder Sherry, einem Teelöffel Zitronensaft und etwas abgeriebener Orangenschale hinein, die man einmal aufkochen und abkühlen ließ. Die Sauce wird erst kurz auf großer Flamme, am besten im Wasserbad, geschlagen, dann dreht man die Flamme klein und schlägt unentwegt weiter, wobei man streng darauf achtet, daß die Sauce nicht kocht. Sobald die Sauce dick und schaumig ist, kann sie serviert werden.

Man ißt sie zu allen Sorten Baben und Puddings, aber auch zu Artischocken und Spargel.

Krimer Sauce

Je ein Teelöffel Senf und Zucker werden gut verrührt und tropfenweise zwei Eßlöffel Olivenöl sowie einen Eßlöffel Weinessig unter ständigem Rühren zugegossen. Schließlich gibt man noch feingeschnittene Gewürzgurken, gewiegte Petersilie und Dill in die Sauce und stellt sie kalt.

Sie muß die Konsistenz einer Mayonnaise haben und wird zu kaltem Braten, Geflügel, Wild oder auch zu Fisch gegessen.

Tatarensauce

Die echte Tatarensauce wird bereitet, indem man zwei hartgekochte Eigelbe durch ein Sieb streicht, mit wenig Salz und Pfeffer würzt, mit einigen Tropfen Essig glattrührt und dann tropfenweise einen Viertelliter Öl ganz langsam darunterrührt. Sie wird mit einem Eßlöffel Püree von grünen Zwiebeln vervollständigt. Auf einfachere Art stellt man sie von fertiger Mayonnaise her, die mit Senf leicht gewürzt und mit reichlich sehr feingehacktem Schnittlauch vermischt wird.

Kartoffeln

Dillkartoffeln

Béchamelsauce wird mit saurer Sahne verkocht und gut abgeschmeckt. Auf einen Liter Sauce schwitzt man eine mittelgroße, feingehackte Zwiebel in Butter an, wobei sie sich nicht verfärben darf, gibt
im letzten Moment einen Eßlöffel gehackten Dill hinzu und läßt ihn
mit anlaufen. Beides gibt man in die Sauce, fügt in der Schale nicht zu
weich gekochte und in Scheiben geschnittene Kartoffeln hinzu und
läßt sie vor dem Servieren noch einige Minuten durchdünsten.

Livländisches Kartoffelpfännchen

In eine runde flache Backform, die mit Butter ausgestrichen worden
ist, schichtet man eine Lage in der Schale gekochte, in Scheiben geschnittene Kartoffeln, gibt darüber eine Lage leicht gewässerte, in
Würfel geschnittene Heringsfilets und deckt mit einer Lage Kartoffel-
scheiben ab. Hierüber gießt man saure Sahne, streut geriebene Semmel obenauf, beträufelt leicht mit zerlassener Butter und läßt die Kartoffeln in der Backröhre braun überbacken.

Polnische Kartoffeln

Mittelgroße, gleichmäßig geschälte und geformte Kartoffeln kocht
man in Salzwasser, wobei man darauf achten muß, daß sie ganz bleiben. Sie werden abgegossen, gut abgetropft, in eine Gemüseschüssel
gegeben und mit geriebener Semmel übergossen, die man in reichlicher Butter gebräunt hat.

Kartoffelauflauf

In eine flache Form schichtet man höchstens zwei Lagen in Scheiben
geschnittene Kartoffeln, gießt eine Béchamelsauce darüber sowie ein
zerklopftes Ei, gibt Butterflöckchen darauf (nicht mit Semmelbröseln
bestreuen!) und läßt das Gericht im Backofen goldgelb überbacken.
Im Baltikum sehr beliebt als Beilage zu Fleisch.

Warum nicht Reis statt Kartoffeln?

Es gibt für die Zubereitung von Reis unzählige verschiedene Kochvor-
schriften; ich habe die nachstehend beschriebene – es soll die chinesi-
sche Art sein – erprobt und empfehlenswert gefunden: Eine Tasse
Reis in kaltem Wasser mehrmals gewaschen, bis das Wasser klar ist, in
drei Tassen sprudelnd kochendes Wasser gegeben, das ganz schwach
gesalzen ist, und auf starker Flamme zwölf bis fünfzehn Minuten, unbedeckt gekocht. Der Reis darf nicht breiig kochen, die Körner müssen zwar weich sein, aber heil bleiben.

Gemüse

Schwarzwurzeln

Die Schwarzwurzeln, die man auch »Winterspargel« nennen kann, werden sauber geschabt, in Wasser gelegt, das mit Essig und Mehl versetzt ist, da sie auf diese Wiese weiß bleiben, gewaschen und in Stücke von der Länge eines kleinen Fingers geschnitten. In kochendem Salzwasser läßt man sie etwa eine halbe Stunde garen. Die Behandlung der Schwarzwurzeln, die Prozedur des Abschabens und Säuberns ist nicht ganz einfach, braucht Zeit und macht Mühe; man sollte diese Mühe aber nicht scheuen, denn der überaus aromatische, liebliche Geschmack bietet einem volle Entschädigung.

Man ißt Schwarzwurzeln in Holländer Sauce, mit geschmolzener Butter, und auch mit hartgekochtem, feingehacktem Ei bestreut und mit brauner Butter übergossen schmeckt dieses Gemüse gut.

Baltische Schabelbohnen (Schnittbohnen)

Von den Fäden befreite, geschnippelte grüne Bohnen werden in Milch weich gekocht. Bohnenkraut gehört auch dazu. Wenn die Schabelbohnen weich sind, würzt man sie mit Salz und Pfeffer und fügt ein Stück Butter zu. Es ist darauf zu achten, daß die Bohnen wohl von der Milch durchzogen sind, aber keinesfalls darin schwimmen.

Beeten (Rote Rüben)

Die Beeten werden sorgfältig gewaschen, gebürstet und mit der Schale gekocht oder noch besser im Ofen gebacken. Dann zieht man die Schale ab, hackt die Beeten grob und dünstet sie zehn Minuten lang in Butter. Man würzt mit Salz, gibt etwas Zucker und den Saft von einer halben kleinen Zitrone sowie eine Tasse Sahne hinzu und läßt sie weitere zehn Minuten unter häufigem Umrühren dünsten.

Beeten in Dillsauce

Die Beeten werden am besten im Ofen gebacken, dann wird die Haut entfernt. Nachdem man sie gut abgewaschen hat, schneidet man sie in nicht zu kleine Würfelchen. Für 500 g Beeten läßt man eine feingehackte Zwiebel in Butter gut andünsten, ohne daß sie sich verfärben darf, gibt die Beeten hinzu, würzt mit Salz, Pfeffer und einer Prise Zucker, füllt knapp bis zur Höhe mit saurer Sahne auf, fügt einen halben Teelöffel Fleischextrakt bei und läßt sie langsam sämig kochen. Zum Schluß gibt man reichlich gehackten Dill hinein, läßt noch einmal aufkochen und streut beim Servieren noch gehackten Dill obenauf.

Spargel

Man schält den Spargel vom Kopf abwärts, zunächst ganz dünn, zum Ende hin dicker, schneidet das oft etwas holzige Ende ab und überspült den Spargel kurz, ohne ihn jedoch im Wasser liegen zu lassen. Was nun die Kochart anbetrifft, so kann ich nur folgende Methode empfehlen:
Alle abgeschnitten Schalen und Enden werden in wenig kaltes, ganz leicht gesalzenes Wasser gelegt und zehn bis fünfzehn Minuten gekocht. Dann folgen die leicht gebündelten Spargelstangen so, daß sie auf den Splissen und Enden gleichsam im Trockenen liegen. Das Kochgefäß, das groß genug sein muß, damit die Spargelbündel nebeneinander Platz haben, wird nun bedeckt, vom Feuer gezogen oder auf kleinste Flamme gestellt, damit der Spargel langsam dünsten kann. Zum Garwerden braucht er auf diese Weise zwar etwas länger, der Geschmack ist aber von besonderer Kräftigkeit. Nach Belieben kann auch ein Stückchen Zucker mitgekocht werden.

Zuckererbsen

Die jungen, ausgehülsten Erbsen werden in Butter mit wenig Salz und etwas Zucker unter Beigabe von nur wenig Wasser auf kleiner Flamme in dreißig Minuten weich gedünstet. Vor dem Anrichten (die Flüssigkeit muß verkocht sein) fügt man noch ein Stück frische Butter zu den Erbsen und bestreut sie reichlich mit gewiegter Petersilie.
Statt Wasser kann man auch einen halben Teelöffel mit etwas Sahne

angerührtes Stärkemehl (Maizena oder Mondamin) den Erbsen beifügen und sie noch einmal aufkochen lassen.

In Rußland war der Gebrauch von getrockneten jungen Erbsen allgemein, die dort in ganz hervorragender Qualität zu haben waren und die sich, nachdem man sie am Tage vor dem Gebrauch eingeweicht hatte, in nichts von den feinsten frischen oder Dosenerbsen unterschieden.

Maiskolben (Kukurusa)

Man schneidet die Stiele ab, befreit die Kolben von Blättern und dem faserigen Bart und läßt sie in leicht gesalzenem siedendem Wasser in zwanzig Minuten gar werden. Bei Tisch bestreicht man den Maiskolben mit frischer Butter, nimmt ihn zwischen die Finger und knabbert die sehr wohlschmeckenden Körner ab. Das sieht nicht ganz gesellschaftsfähig aus, schmeckt aber, wie gesagt, ausgezeichnet.

In Bessarabien und im Vorkaukasus, wo sich große Maisfelder befinden, ist die Kukurusa ein sehr geschätztes und allgemein verbreitetes Nahrungsmittel. Das aus Maismehl gebackene Brot spielt in diesen Gegenden die gleiche Rolle wie das Schwarzbrot im übrigen Rußland, nur trinkt man dort im Lande gedeihenden Wein dazu und nicht Wodka.

Tomaten

Man kann Tomaten leicht enthäuten, wenn man sie einige Sekunden in kochendheißes Wasser taucht. Man kann sie nun, wenn sie groß sind, halbieren, kleine läßt man ganz, in ein gebuttertes Geschirr ordnen, mit Salz und Pfeffer bestreuen, mit feingehackter Zwiebel bestreuen, leicht mit Butter beträufeln und in der Ofenröhre backen. Sehr gut schmecken sie auch, wenn man sie leicht aushöhlt, mit einer Mischung von Bratwurstfleisch, gekochtem Reis, gehacktem Dill und dem nötigen Gewürz füllt und in der Röhre garmacht.

Kastanien

Man entfernt zunächst die äußere harte Schale und läßt die Kastanien dann in siedendem Wasser ziehen, aus dem man sie einzeln herausnimmt, um auch die innere Haut abziehen zu können. Man legt die Kastanien nun in einen Tiegel, in dem man einen Eßlöffel Butter und etwas Zucker bräunen ließ, füllt mit etwas Fleischbrühe auf und läßt die Kastanien etwa zwanzig Minuten dämpfen, bis die Flüssigkeit verdampft ist und die Kastanien weich geworden sind, ohne zu zerfallen.

Lauch (Porree)

Ein vorzügliches Gemüse, dessen Zubereitung weder Mühe macht noch viel Zeit beansprucht, das aber verhältnismäßig wenig bekannt ist. Man schneidet von den Lauchstangen Wurzelenden und grüne Spitzen ab, wäscht sie sehr sorgfältig, da sie oft sandig sind, und schneidet sie in feine Ringe, die man in heißem Fett, unter Beigabe von ganz wenig Wasser, weich dünstet. Der Sud wird mit Salz und ein wenig Zucker gewürzt. Ein Teelöffel in Sahne aufgerührtes Stärkemehl macht das Gemüse sämig.

Porree auf Spargelart

Der Lauch wird, wie vorstehend angegeben, vorbereitet, aber nicht zerschnitten, sondern die ganzen Stangen werden gebündelt und in sprudelnd kochendem Wasser mit wenig Salz und einer Prise Zucker etwa dreißig Minuten gekocht. Dann sind die Lauchstangen weich; man läßt sie gründlich abtropfen und serviert sie entweder mit brauner Butter übergossen oder mit geschmolzener Butter. Nach Belieben kann man sie auch mit hartgekochtem, feingehacktem Ei bestreuen. Ich aß dieses Gemüse zum ersten Mal in Moskau, als Spezialgericht des bekannten »Hotel National«.

Gurkengemüse

Mittelgroße Gurken werden geschält, der Länge nach in Hälften geschnitten, die Kerngehäuse entfernt und die Gurkenhäften in Scheiben oder Stücke zerteilt. Eine gehackte Zwiebel läßt man in Butter oder Margarine glasig dünsten, legt die zerteilten Gurken hinein, gießt etwas Fleischbrühe oder flüssigen Fleischextrakt auf, würzt mit wenig Salz, streut reichlich gewiegte Petersilie und Dill (Dill gehört unbedingt zu Gurken!) darüber, fügt einen Prise Zucker und etwas Zitronensaft hinzu und läßt das Gurkengemüse etwa zehn Minuten ziehen. Nach Belieben kann man es mit einem kleinen Löffel in Sahne verrührtem Stärkemehl sämig machen.

Spinat

1. Man nimmt jungen und zarten Spinat, entfernt die Stiele, wäscht ihn mehrmals und tropft ihn gut ab. Er wird dann ausgedrückt, in ein flaches Geschirr mit einem ansehnlichen Stück Butter gegeben, leicht mit Salz gewürzt und im eigenen Saft gedünstet, bis die Flüssigkeit verdunstet ist. Man lockert ihn mit der Gabel auf, gibt noch fehlendes Salz, Pfeffer und eine Prise geriebener Muskatnuß hinzu und serviert ihn als Beilage zum Fleisch.
2. Der im eigenen Saft gedünstete und gut abgetropfte Spinat wird mehrmals durch die feinste Scheibe der Fleischmaschine getrieben. Von Butter und Mehl bereitet man helle Mehlschwitze, gibt den Spinat hinein, rührt gut durch, füllt mit etwas Bouillon auf, rührt abermals durch, würzt mit Salz und Pfeffer und dünstet ihn dreißig Minuten in der Ofenröhre. Man kann den passierten Spinat auch mit dicker Béchamelsoße binden, würzen und braucht ihn dann nur kurz durchkochen zu lassen. Feingehackte Sardellen geben dem so bereiteten Spinat einen besonders feinen Geschmack.

Frische gesäuerte Gurken (Sweshyje soljonyje ogurzy)

Man sucht dafür frische, gleichmäßige Gurken von ca. 12 cm Länge aus, die man gut wäscht und von denen man nur die Spitzen abschneidet. Sie werden, aufrechtstehend, in ein großes Glas oder in einen Krug gepackt und dazwischen reichlich würflig geschnittener Meerrettich, Dill, Kümmelkraut, Weinblätter und Fenchel gegeben. Man übergießt sie mit ausgekühltem Salzwasser, d. h. Wasser, das mit 50 g Salz je Liter aufgekocht worden ist, bindet sie zu und läßt sie 48 Stunden stehen; die Gurken müssen mit der Lösung völlig bedeckt sein.

Russische Sakuska – eine variationsreiche Vorspeise

Karpfensuppe zur Fastenzeit

Austern – auch in Rußland sehr beliebt

Große Fleischpirogge – ein Festmahl
Kleine ausgebackene Piroggen zu Borschtsch

Schlesisches Himmelreich mit Grießklößchen

Roter Kissel, Moosbeeren-Kissel, Stachelbeer-Kissel

Russischer Kaviar

Osterbrot

Sauerkraut (Kislaja kapusta)

Lange bevor man in Deutschland den gesundheitlichen Nutzen des Sauerkrauts erkannt hatte und es als wesentlichen Bestandteil in die Ernährungsreform aufnahm, spielte die »Kapusta« eine wichtige Rolle im Leben des Russen, namentlich aber im Leben des russischen Bauern. Auch in den kleinsten Dörfern war es für die Bäuerin eine Selbstverständlichkeit, für den Winter Sauerkraut in Fässern einzulegen, das den Raum in der Hütte mit seinem typischen Geruch durchzog. Zu diesem rohen Sauerkraut aß der Bauer sein eigengebackenes derbes Schwarzbrot.

Um die Vitamine zu erhalten, wäscht man Sauerkraut nicht, sondern lockert es nur auf. Dann legt man zwei Löffel Fett oder Schmalz in ein irdenes Gefäß, läßt es bräunen und gibt das Kraut, Weintrauben und drei bis vier säuerliche Äpfel, die man ungeschält zerschnitten und vom Kerngehäuse befreit hat, hinein. Es wird so viel Bouillon aufgegossen, daß das Kraut fast bedeckt ist, dann läßt man es in einem fast zugedeckten Topf weichdünsten, wobei man es hin und wieder mit einer Gabel auflockert.

Eine verfeinerte Zubereitungsart des Krautes besteht darin, daß man ihm an Stelle der Äpfel Birnenschnitzel zufügt sowie Saft und den gewürfelten Inhalt einer kleinen Dose Ananas. Das echte Ananaskraut wird jedoch stets mit gewürfelter, frischer Ananas bereitet, und kurz vor dem Anrichten gießt man noch Sekt hinzu; für 500 g Sauerkraut genügt der Inhalt eines Pikkolo-Fläschchens. Daß aufgewärmter Sauerkohl besonders gut schmeckt, ist allbekannt.

Salate

Die Salatbereitung in Rußland und im Baltikum ist im allgemeinen bar jeder Finesse; man verwendet auch die äußeren grünen Blätter, die man mit reichlich saurem Schmant (saurer Sahne) vermischt und überdies noch stark zuckert.

Nur in den Kreisen der baltischen Kaufherren, die internationale Beziehungen hatten, zog man die französische Art der Salatzubereitung vor, die der Hausherr bei Tisch selbst vornahm. Hierbei wird nie saure Sahne, statt dessen Olivenöl, nicht Essig, sondern Zitronensaft, reichlich Kräuter und vielleicht noch eine Spur geriebene Zwiebel verwandt.

Baltischer Pilzsalat

Gutgeputzte beliebige Pilze werden mit einer feingehackten Zwiebel in Butter weichgedünstet, nach dem Erkalten mit Zitronensaft, Salz, Pfeffer, Öl als Salat angemacht und reichlich mit gewiegter Petersilie bestreut. Zu diesem Salat lassen sich auch getrocknete Pilze verwenden, die man tags zuvor einweichen muß. Im Baltikum werden alle Pilze »Riezchen« genannt. Riezchensalat ist eine sehr beliebte kleine Vorspeise zu einem Gläschen Schnaps. Besonders zu beachten! Pilze dürfen nie aufgewärmt werden; auch sollte man sie nie länger als höchstens einen Tag aufheben, ehe man sie zubereitet.

Kopfsalat

Es ist wichtig, daß die Salatblätter, und zwar nur die inneren gelblichen (wenngleich es heißt, daß die äußeren grünen Blätter die vitaminhaltigsten sind, aber man kann nicht immer nur an Vitamine denken, besser schmecken jedenfalls die inneren zarten Blätter), die man unter fließendem Wasser abspült, auf einem Durchschlag abtropfen läßt und schließlich auch noch auf einem sauberen Tuch oder in einem Salatkorb trocken schwenkt, völlig trocken und knusprig in die Salatschüssel kommen.

Früher kannte man nur Porzellan und Glas als Material für Salatschüsseln, neuerdings werden Holzschalen für grünen Salat empfohlen. Das nur nebenbei!

Man legt die Salatblätter recht locker in die zu ihrer Aufnahme bestimmte Schüssel. Dann träufelt man das Öl tropfenweise über die Blätter, die man mit dem Salatbesteck immer wieder vorsichtig umwendet, daß jedes Blättchen etwas von dem Öl abbekommt; ebenso tropfenweise gibt man den Zitronensaft oder den Essig hinzu, tut reichlich feingewiegte Kräuter, wie Petersilie, Dill, Schnittlauch, Estragon oder was man sonst noch an Kräutern bekommen kann, an den Salat und ganz wenig Salz. Letzteres kann bei der Salatbereitung auch ganz fortfallen. Vorsichtig mischt man den Salat nun mit dem Salatbesteck und serviert ihn möglichst gleich. Will man die Salatblätter zerkleinern, so tut man das mit der Hand, niemals darf ein Messer an den Salat kommen!

Gibt man einen grünen Salat als Einzelgang, so kommt Wein als Getränk nicht in Frage. Hingegen empfiehlt es sich, ein Glas Mineralwasser dazu zu trinken.

Beetensalat

Am schmackhaftesten sind die Beeten (rote Rüben), wenn man sie, nachdem man sie gut gewaschen und gebürstet hat, in der Schale im Backofen bäckt. Das dauert allerdings länger als das Abkochen im Wasser, ist aber wesentlich besser, weil der ganze Saft in den Beeten bleibt und sie einen kräftigen, unverwässerten Geschmack haben. Wenn die Beeten gar gebacken sind, zieht man die Schale ab, schneidet sie in Scheiben und macht sie mit Öl, Essig, etwas Zucker, Kümmel, Salz und Pfeffer zu Salat an. Ein wenig abgeriebene Orangenschale beigefügt, verfeinert den Geschmack oder, richtiger gesagt, erhöht den an sich schon sehr lieblichen Geschmack der Beeten noch um einiges.

Während grüne Salate in Rußland wenig beliebt sind, wird Beetensalat als Beigabe zu Fleischgerichten, zu Heringsförmchen u. a. sehr gern gegessen.

Roher Krautsalat

Man kann diesen Salat von Weiß- und Rotkohl gemischt, aber auch von jeder Kohlsorte gesondert zubereiten. Bei beiden Verwendungsarten ist der von den dicken Rippen und äußeren Blättern befreite Kohl fein zu schneiden und kurz mit kochendem Wasser zu überbrühen. Dann läßt man ihn auf dem Durchschlag abtropfen und macht ihn mit Öl, Zitronensaft, Salz, Pfeffer und einer Spur Zucker zu Salat an. Man kann den Kohlsalat mit einem Kranz feingeraspelter Äpfel, die man mit ein paar Tropfen Zitrone und Zucker vermischt, umgeben. Im Baltikum tut man statt Öl würfelig geschnittenen ausgelassenen Speck an den Salat.

Sauerkrautsalat

Der Sauerkohl wird gut ausgedrückt, feingeschnitten und mit Öl, etwas Zitronensaft, einem geriebenen Apfel, ein wenig feingehackter Zwiebel und Kümmel vermischt.

Endiviensalat

Alle äußeren grünen Blätter werden entfernt und nur die inneren gelben Blätter verwandt. Man wäscht sie gut, läßt sie auf einem Sieb abtropfen und beginnt mit der Zubereitung. Dazu gehört als erstes, daß man die Salatschüssel leicht mit einer Knoblauchzehe ausreibt und zunächst die Endivienblätter mit Öl, Zitronensaft oder Essig, ganz wenig Salz und Pfeffer, auch mit gewiegter Petersilie vermischt. Das ist sozusagen die übliche, die Grundzubereitung. Um aber dem Endiviensalat ein besonderes Gepräge zu geben, kann man ihm Apfelstückchen, Bananenscheiben, kleingeschnittene Ananas und etwas von dem Ananassaft, gehackte Walnüsse, Stückchen einer abgehäuteten Tomate, feingeschnittene gedämpfte Kastanien je nach Geschmack beigeben. Wichtig ist, daß bei dem Mischen des Salates und der Beifügung der verschiedenen Zutaten man ihn immer wieder abschmecken und darauf achten muß, daß das richtige Verhältnis der Zutaten zueinander nicht gestört wird. Natürlich kann man die eine oder andere der genannten Beigaben weglassen, das bleibt völlig dem individuellen Geschmack überlassen.

Rossol (Baltischer Heringssalat)

Zwei Heringe werden einige Stunden gewässert, dann geputzt, entgrätet und in kleine Stücke zerteilt. Drei bis vier gekochte Kartoffeln, zwei gekochte rote Rüben, zwei saure oder Gewürzgurken, eine Zwiebel, zwei hartgekochte Eier, allerlei Reste von gekochtem oder gebratenem Fleisch und Schinken werden klein geschnitten; eine Tasse saure Sahne verrührt man mit etwas Salz, Essig und Senf, gibt sie an die vorgenannten Zutaten und vermengt alles gut miteinander. Man garniert den Rossol mit gehacktem Ei, gewiegter grüner Petersilie und feinen Gurkenscheibchen. Auch ein paar Kapern und Perlzwiebelchen können daraufgestreut werden.

Baltischer Burkanensalat (Mohrrübensalat)

Die rohen Burkanen (Mohrrüben) und ein säuerlicher Apfel werden gerieben; mit Sahne verrührter Meerrettich, Zitronensaft, Öl, Zucker und Salz werden dazugegeben und alles gut miteinander vermengt.

Nicht nur der Salat machte die Orlows bekannt

Die Orlows waren russische Grafen und Fürsten. Ein Graf Orlow war unter Katharina II. Admiral und hat 1762 bei der Palastrevolution den Zaren Peter III. erdrosselt. Ob der Salat nach ihm, nach seinem Bruder, dem Fürsten Gregorij, oder nach dem Züchter der bekannten Orlow-Traber, dem Grafen Orlow-Tschesmenski, benannt worden ist, läßt sich nicht feststellen. Fürst Gregorij war ein Günstling der Großen Katharina. Aus seiner Verbindung mit ihr stammte ein Sohn, der 1796 in den Grafenstand erhoben wurde und den Namen Bobrinski erhielt.

Salat Orlow

Stückchen von weichgekochtem Sellerie, gekochte junge Erbsen, zarte grüne Böhnchen, einige Blumenkohlröschen, ein paar Spargelköpfe werden mit kleingeschnittenem gekochtem oder gebratenem Hühnerfleisch, feingewiegtem magerem gekochtem Schinken, kleingeschnittener Pökelzunge, Apfel- und Ananaswürfeln in reichlich Mayonnaise gemischt und schließlich auch noch mit gehackten Walnüssen versehen.

Salat Demidow

Körnig gekochter Reis wird mit rohen, würfelig geschnittenen Tomaten, Öl, Essig, Salz und Pfeffer vermischt. Gesondert macht man eine gekochte, in feine Streifen geschnittene kleine Sellerieknolle ebenso mit Öl, Essig, Salz und Pfeffer an. In eine Salatschüssel füllt man den mit Tomatenwürfeln gemischten Reis und legt die angemachten Selleriescheiben darauf, ohne sie mit dem Reis zu vermengen. Das Ganze wird mit Mayonnaise bedeckt und mit kleinen rund ausgestochenen Scheiben von gekochten roten Rüben garniert.

Pilze

Ein köstliches Nahrungsmittel! Nicht nur gesund, sondern auch in großer Vielfalt zu verwenden: als selbständiges Gericht, als Suppe, aber auch als Würze für Saucen, als Füllung für Omelettes und Pasteten u. a. m. Ein herrlicher Duft geht von gesunden, frischen Pilzen aus, ein Duft nach Wald, Moos und Erde.

Steinpilze in saurer Sahne

Steinpilze werden gesäubert, in kaltem Wasser gewaschen und in feine Scheiben geschnitten. Man läßt sie in bedecktem Tiegel fünfzehn Minuten auf dem Herd stehen, gießt den sich absondernden Pilzsaft ab, fügt zwei Löffel Butter, eine halbe in Butter gedünstete, geriebene Zwiebel, Speckwürfel, Salz und Pfeffer zu den Pilzen und läßt sie auf kleinem Feuer langsam weich dünsten. Zum Schluß stäubt man einen Löffel Mehl über das Gericht, gießt eine Tasse Bouillon und eine Tasse saure Sahne hinzu, rührt um und läßt einige Male aufkochen, bis die Sauce dickflüssig eingekocht ist.

Steinpilze mit Buchweizengrütze

Man kocht Buchweizengrütze in siedendem Wasser weich, salzt und gibt sie in eine gefettete feuerfeste Form lagenweise mit in Scheiben geschnittenen Steinpilzen, die man in Fett, unter Beigabe von süßer oder saurer Sahne, gedünstet hat. Die oberste Schicht bildet Buchweizengrütze, die man mit Butterflöckchen belegt und im Ofen überbakken läßt.

Steinpilze auf russische Art (Griby po russki)

Die gut gewaschenen Steinplize trocknet man ab, schneidet sie in dicke Scheiben und dünstet sie im eigenen Saft in Butter mit gehacktem Fenchelkraut und Schnittlauch. Dann fügt man einige Löffel dikken Schmant (Sahne) hinzu und läßt den Pilzsud damit soweit wie nötig einkochen.

Steinpilze mit Nieren

500 g Steinpilze (entweder frische oder getrocknete, die man tags zuvor eingeweicht hat) werden mit einer gehackten Zwiebel in Butter oder Pflanzenfett zwanzig Minuten gedünstet. 250 g Schweinenieren, die man eine Stunde gewässert hat, schneidet man in feine Scheiben, gibt sie zu den Pilzen und läßt alles zusammen gar werden. Mit einem Teelöffel in süßer oder saurer Sahne verrührtem Stärkemehl bindet man das Gericht, das man zuletzt mit Johannisbeergelee, Salz und Pfeffer abschmeckt.

Marinierte Pilze

Beliebige frische Pilze werden geputzt, gewaschen und in kochendes Wasser geschüttet. Man läßt sie ein paar Mal aufkochen und auf einem Durchschlag abtropfen und trocken werden. Inzwischen hat man Weinessig mit Salz, einem Lorbeerblatt und einigen Gewürzkörnern aufgekocht und kalt werden lassen. Die völlig trockenen Pilze werden in ein Schraubglas getan, mit der kalten Marinade übergossen, und der Deckel wird aufgeschraubt. Sollte der Essig nach einiger Zeit trüb werden, ersetzt man ihn durch neuen.

Gesalzene Pilze

Hierzu können die verschiedensten Pilzsorten verwendet werden. 3 kg Pilze werden wie üblich geputzt und gewaschen und in siedendes Wasser gegeben. Man läßt sie etwa zehn Minuten kochen und schüttet sie dann auf einen Durchschlag, um sie abtropfen zu lassen. Nun hackt man sie fein, vermengt sie mit 250 g Salz, schüttet sie in ein Säckchen, das man zubindet und in ein irdenes Gefäß legt. Das in dem Gefäß liegende Säckchen wird mit einem passenden runden Holzbrett bedeckt und dieses mit einem Stein oder sonst einem Gewicht beschwert. Je nach Bedarf wird die entsprechende Menge Pilze entnommen und das Säckchen wieder in das irdene Gefäß zurückgetan und mit Brett und Stein beschwert. Die entnommenen Pilze müssen vor Gebrauch ein bis zwei Stunden gewässert werden. Ehe man die Pilze hackt und salzt, müssen sie völlig trocken sein.

In Rußland ist es üblich, einen für den ganzen Winter ausreichenden Vorrat an Pilzen einzusalzen.

Champignonragout

Champignons werden gesäubert, in Scheiben geschnitten, in Butter mit etwas Zitronensaft weich gedünstet, mit Mehl bestäubt, gesalzen und gepfeffert. Nun gießt man eine Tasse kräftige Fleischbrühe auf die Champignons, streut feingewiegte Petersilie darüber, fügt ein Viertel Süßweinglas Madeira hinzu und legiert mit verquirltem Eigelb (nicht mehr kochen lassen!).

Man gibt kleine Kalbfleischklößchen zu diesem Ragout.

Süßspeisen und Desserts

Eine in Rußland und im Baltikum sehr beliebte sommerliche Nachspeise ist der Kissell, der erfrischend, bekömmlich und leicht ist und von Erwachsenen (sofern sie sich ein kindliches Gemüt bewahrt haben) und Kindern gleich gern gegessen wird. Von den deutschen Flammeris unterscheidet er sich dadurch, daß er viel lockerer und weicher ist, nicht gestürzt, sondern in der Schüssel serviert wird, in die man ihn zum Erkalten gegossen hat. Während man in der Regel für Flammeris auf 1 l Saft etwa 50 g Stärkemehl (Maizena, Mondamin oder Kartoffelmehl) nimmt, kommen für einen russisch-baltischen Kissell auf 1 l Saft nur etwa 30 g Stärkemehl.

Roter Kissell

750 g Johannisbeeren und Himbeeren zu gleichen Teilen werden gewaschen und mit kaltem Wasser zum Kochen aufgesetzt. Sobald sie weich sind, streicht man sie durch ein Sieb und gießt so viel Wasser zu, daß man 1¾ l Saft erhält. Nun gibt man 200 g Zucker und nach Belieben ein Päckchen Vanillezucker zu dem Saft, den man aufkochen läßt. Inzwischen hat man in ¼ l kaltem Wasser 50–60 g Stärkemehl angerührt, tut es, wenn es völlig glatt gerührt ist, in den kochenden Saft und rührt ihn auf kleiner Flamme, bis der Kissell klar ist. Wenn der Kissell kocht, dreht man die Flamme aus und gießt den Kissell in eine Schüssel. Man bestreut ihn zweckmäßigerweise mit Zucker, da sich sonst leicht eine zähe Haut auf der Oberfläche bildet. Man ißt den Kissell mit Milch. Man kann ihn natürlich auch mit Schlagsahne essen und ihn zudem noch um eines festlicheren Eindrucks willen mit Schlagsahne und Schokoladenplätzchen garnieren.

Neben Johannis- und Himbeeren können zu rotem Kissell auch entkernte saure Kirschen verwendet werden.

Moosbeerenkissell (Kissell is kljukwy)

500 g Moosbeeren streicht man durch ein Sieb, gießt 1 Liter Wasser hinzu, kocht diese Flüssigkeit auf und süßt nach Geschmack. Für zwei Liter Saft rührt man 60 g Stärkemehl mit etwas Wasser an, gibt es unter ständigem Rühren hinzu und kocht den Kissell auf kleiner Flamme

klar. Man kann den Kissell warm servieren, indem man ihn in eine tiefe Schüssel schüttet und dazu saure Sahne serviert. Üblicher ist, die Speise in einer Schüssel mit feinem Zucker bestreut auskühlen zu lassen und sie mit kalter Milch zu servieren.

Stachelbeerkissell

500 g unreife Stachelbeeren werden geputzt und gewaschen, mit 1 l Wasser und nach Belieben etwas Zitronenschale zerkocht und durch ein Sieb gestrichen. Man gibt die erforderliche Menge Zucker hinzu – 100 g dürften genügen – sowie 30–40 g in ¼ l kaltem Wasser verrührtes Stärkemehl, läßt den Saft ein paar Mal aufwallen und gießt den Kissell in eine Schüssel. Mit Zucker bestreuen und erkalten lassen! Stachelbeerkissell wird mit Sahne gegessen.

Milchkissell

Man kocht 1 l Milch mit 100 g Zucker und drei geriebenen bitteren Mandeln auf, gibt 40 g in einer Tasse kalter Milch aufgerührtes Stärkemehl hinzu, läßt das ganze einmal aufkochen und füllt den Kissell in eine Schüssel; er muß recht kalt gegessen werden. Beliebiges Obstkompott paßt gut dazu, am besten vielleicht Preiselbeerkompott, das dem sehr zarten, um nicht zu sagen etwas faden Milchgericht den nötigen Charakter verleiht.

In Rußland und im Baltikum werden im Sommer gern kalte Suppen (Kaltschalen) gegessen. Auch in Deutschland kennt man den Begriff »Kaltschale«, nur werden sie hier stets als erster Gang, als Suppe, gereicht, während sie in Rußland und im Baltikum nach dem Hauptgang als Süßspeise gegessen werden.
Zu diesen kalten Obstsuppen, deren Zubereitung nicht geschildert zu werden braucht, da sie doch nichts anderes sind, als sozusagen flüssige Kissells, also ohne Stärkemehl, gibt man häufig Klößchen aus Manna (Grieß), Reis oder Eierschnee, mitunter auch einen leichten Mannapudding. Ein sehr angenehmes Sommeressen!
Im Baltikum war zur Sommerzeit sehr beliebt eine Art Milchkaltschale, die den klangvollen Namen hatte:

La belle et la bonne

Sie bestand (für 2 Personen berechnet) aus einem Liter dicker saurer Milch, die man – je nach Geschmack – mit Himbeersirup vermischt, dann mit einem Schneebesen so lange schlägt, bis sie schaumig wird. Nun tut man etwa eine Handvoll ausgelesener und gewaschener Sultaninen hinein sowie ebensoviel geriebenen Pumpernickel, stellt sie eine Weile kalt und genießt sie als Nachspeise.

Livadiasalat
(Livadia war die Sommerresidenz der Zarenfamilie auf der Krim)

Zwei Scheiben Ananas und zwei bis drei Mandarinen werden in Würfel geschnitten, ebenso eine gehäutete Tomate, eine in Scheiben geschnittene Banane und eine kleingeschnittene Birne. All dies wird vorsichtig miteinander vermengt und mit ein bis zwei Löffeln Schlagsahne serviert – ein delikater Salat!

Bubbert

Man kocht (für 3 Personen berechnet) ⅜ Liter Milch mit einem Stück Vanille und einer Prise Salz auf. Vorher muß man 3 Eigelb mit 2 Eßlöffeln Zucker schaumig rühren, fügt 3 Eßlöffel Weizenmehl bester Qualität hinzu und verdünnt diese Masse mit einem achtel Liter kalter Milch, die man nach und nach zugibt, während man fortwährend rührt. Dann tut man diese Mischung unter starkem Rühren zu der kochenden Milch, streut 15 Gramm gereinigte, grob gehackte Mandeln hinzu, zieht die Kasserolle vom Feuer und vermengt die kochfertige Speise – immer noch weiter rührend, mit den zu steifem Schnee geschlagenen 3 Eiweiß. Nun stellt man sie kalt und serviert sie mit einer Fruchtsauce.

Schmalunz

Diese Speise bestand aus 5 im Ofen gebackenen Äpfeln, die man in noch heißem Zustand enthäutete und entkernte, indem man sie durch ein Drahtsieb rührte, 2 Eßlöffel Zucker hinzufügte und solange rührte, bis sie kalt war. Dann schlug man noch nach und nach 3 Eiweiß hinzu. Danach rührte man das Ganze mit einem Holzlöffel so lange, bis er in der schaumigen Masse stehen konnte. Nun richtete man sie in einer Schüssel mit flüssig eingezuckerten Erdbeeren oder Kirschen (s. Warenje) garniert pyramidenförmig an und aß die Speise kalt entweder mit süßer Sahne oder Vanillesauce.

Von der Legion der unzweifelhaft sehr schmackhaften, aber in gesundheitlicher Beziehung nicht ohne weiteres zu empfehlenden süßen Speisen, wie Puddings und allerhand Mehlspeisen, wie man sie in Österreich so sehr liebt und vollendet zubereitet, soll hier nicht gesprochen werden. Nur eine einzige Mehlspeise soll erwähnt werden, die in unserer Kinderzeit sehr beliebt war und für die wir keine andere Benennung hatten, als eben einfach:

Mehlspeise

Drei Eßlöffel feines Weizenmehl werden mit einem halben Löffel saurer Sahne glatt verrührt, das mit 30 g Zucker verrührte Gelb von fünf Eiern und die abgeriebene Schale einer Zitrone dazugegeben, ein Schuß Weinbrand hineingegossen und zuletzt der steifgeschlagene Eierschnee daruntergezogen. In eine vorbereitete Auflaufform gefüllt, backt die Speise, oder richtiger gesagt der Auflauf, zwanzig bis dreißig Minuten im Ofen bei mäßiger Hitze; die Oberfläche muß goldbraun sein. Dazu eine Saftsauce oder Erdbeerkompott.

Schmantpudding

6 Eigelb mit 10 Löffeln Zucker zu Schaum rühren, dazu die abgeriebene Schale von einer Zitrone, 5 bittere Mandeln, eine Prise Salz, eine halbe Tasse gereinigte Sultaninen, 10 Löffel saure Sahne (Schmant) und 180 g Semmelbrösel. Diese gut miteinander verrührte Masse, unter die man zuletzt noch den steif geschlagenen Schnee der Eier zieht, füllt man in eine präparierte Puddingform und läßt sie 1½ Stunden im Wasserbad kochen.

Dazu gibt man dick in Zucker eingemachte Erdbeeren (Erdbeer-Warenje).

Rumcreme

Drei Eigelb werden mit 50 g Zucker schaumig geschlagen, drei Teelöffel gemahlene Gelatine werden in einer kleinen Tasse heißem, nicht kochendem Wasser, unter Beigabe von ein wenig Zucker, aufgelöst und nach Erkalten an die Eimasse gegeben. Zum Schluß zieht man ¼ l Schlagsahne vorsichtig darunter, gibt zwei Gläschen Rum an die Creme, füllt sie in Glasschälchen und stellt sie kalt.

Eiscreme, Gefrorenes (Moroshennoje)

Eine weitere süße Speise versetzt einen gleichfalls in die Kindheit und erweckt Erinnerungen an den eng mit dem Sommer verbundenen russischen Eisverkäufer in seinem bunten »Russenhemd«, seinen blauen Pumphosen und hohen Stiefeln. Langgezogen erklingt sein Ruf: »*Moroshennoje*« (das russische Wort für »Gefrorenes«). Viele dieser Moroshni-Männer, die im Sommer durch die Straßen zogen, trugen das Eis in einem Eimer auf dem Kopf, andere schoben einen Handkarren vor sich her; am Rigaschen Strand, wo man an heißen Sommertagen im Laufe des Tages zwischen den Mahlzeiten mit Genuß »Moroshennoje« verzehrte, gab es sogar einen Eisverkäufer, dessen Karren von einem munteren Pferdchen gezogen wurde.
Wie billig war alles in früheren Zeiten! Ein »Kuckel« (Kugel) Eis kostete fünf Kopeken (1 Kop. = 2 Pf.). Auch die bei uns Kindern so beliebten herrlichen Alexanderkuchen (Mürbteig mit zwei Zwischenlagen von Marmelade, die oberste Schicht mit weißem Zuckerguß überzogen) kosteten, wie übrigens alle Konditorkuchen, 3 Kopeken = 6 Pfennig pro Stück.
So beliebt der Straßenverkauf des Gefrorenen auch war, so hätte selbst ein lettisches Dienstmädchen niemals Eis, Kuchen oder Obst auf der Straße gegessen!

Weingelee

Eine Flasche Weiß- oder Rotwein wird mit drei bis vier Löffeln Zucker erhitzt; er darf aber nicht kochen. Etwas Zitronensaft wird dazugegeben und sieben Teelöffel weiße oder rote Gelatine, die auf die bereits beschriebene Art aufgelöst wurde, darunter gemischt. Man serviert das Weingelee recht kalt und gibt Löffelbiskuits dazu.

In Rußland wird in der Regel gemahlene Gelatine verwendet; natürlich kann man ebensogut Blattgelatine nehmen, wobei ein Blatt Gelatine einem Teelöffel gemahlener Gelatine entspricht.

Gemischte Fruchtcreme (Krem Jaroslawski)

300 g Kompottfrüchte schneidet man in nicht zu kleine Stückchen, wobei frische Früchte, wie entsteinte Kirschen und Erdbeeren, ganz bleiben. Ein halber Liter Sahne wird fest geschlagen, nicht zu stark gesüßt, und darunter leicht 7 Blatt zuvor eingeweichte, aufgelöste und ausgekühlte Gelatine gezogen. Sobald die Sahne anfängt zu erstarren, zieht man die Früchte rasch darunter, füllt die Sahne in eine mit kaltem Wasser ausgespülte Form und läßt sie darin festwerden. Sie wird dann gestürzt und mit kalter Aprikosensauce, die mit Maraschino aromatisiert worden ist, serviert.

Erdbeer-Warenje

Für 500 g Erdbeeren braucht man die gleiche Menge Zucker und ¼ l Wasser. Die von Stielen und Blättchen befreiten Beeren (die man aber nicht wäscht, sondern nur durch Hinundherrollen auf einem sauberen Leintuch reinigt) bestreut man mit etwas Zucker aus der vorgenannten Menge und läßt sie ein paar Stunden stehen. Aus dem übrigen Zucker und dem Wasser bereitet man einen Sirup, in den man, sobald er aufkocht und anfängt, sich zu verdicken, die Beeren hineingleiten läßt. Auf starkem Feuer läßt man die Beeren einmal aufkochen, rückt sie vom Feuer weg, nimmt vorsichtig den Schaum ab, stellt sie wieder auf starkes Feuer und wiederholt die gleiche Prozedur dreimal, wonach man die Beeren nunmehr auf kleinem Feuer fertigkochen läßt. Die Warenje ist fertig, wenn die glasklar gewordenen Beeren auf den Boden sinken und der Sirup so dick ist, daß er nur zögernd vom Löffel tropft. Der fertige Warenje gibt man in ein Porzellangefäß und läßt sie zugedeckt erkalten, um sie dann in üblicher Weise wie Konfitüre in Gläser zu füllen.

Beeren

Die große Zahl der Beeren, wie Erdbeeren, Stachelbeeren, Johannisbeeren u. a. m., entfalten ihren größten Reiz, wenn man das Glück hat, sie sozusagen an Ort und Stelle im Garten genießen zu können, aber auch ohnedies sind sie sehr schmackhaft und bekömmlich.

Die in Rußland und im Baltikum in reichem Maße vorhandenen Walderdbeeren findet man im Westen nur äußerst selten; es herrschen die größeren Gartenerdbeeren vor, die aber lange nicht das zarte Aroma der Walderdbeeren haben.

Im Baltikum sind die Schwarzbeeren (Heidelbeeren) sehr beliebt, die man mit reichlich süßer Milch und Zucker zu essen pflegt.

Melonen

Am bekanntesten ist die Netzmelone. Man schneidet die sehr zarte, aromatische Frucht in Scheiben und nimmt mit einem silbernen Löffel das weiche Innere und die Kerne heraus, bestäubt die Scheiben mit Puderzucker, beträufelt sie mit Rum, Weinbrand oder Maraschino und serviert sie eisgekühlt.

In Rußland ist eine schlichtere Sorte bekannt, die Wassermelone. Arbuse genannt, die in Massen auf den Markt kommt. Die großen, dunkelgrünen Kugeln liegen hochaufgeschichtet da und werden stückweise verkauft, kosten nur wenige Kopeken und sind Freude und Genuß auch der ärmsten Russen an heißen Sommertagen, selbstverständlich ohne Puderzucker und Maraschino.

Obst

Eine Nachspeise sollte nie sättigend und schwer verdaulich sein, sondern leicht und erfrischend. Es ist der körperlichen und seelischen Gesundheit eines Menschen durchaus zuträglich, wenn, nach einem guten Essen, das Dessert ausklingt wie der letzte zarte Ton einer schönen Melodie. Und dazu ist nun nichts geeigneter als Obst, das uns ja auch in Deutschland von der Natur in reichem Maße gespendet wird.

Nicht nur der Gesundheit, auch dem ästhetischen Empfinden tut das Obst wohl. Sehen wir uns einmal eine Obstschale an:

Auf einer großen flachen Holzschale liegen sie da ausgebreitet, die rotbäckigen oder gelblichen Äpfel und saftigen Birnen, die man zuvor unter fließendem Wasser gewaschen, mit einem Tuch getrocknet und blank gerieben hat. Gelbe Eierpflaumen, lilarötliche Pflaumen und Zwetschgen dazwischen, gekrönt von tiefblauen und grünen Trauben. Die Trauben spült man unter fließendem Wasser sorgfältig ab, läßt sie abtropfen und zerteilt sie. Im Herbst schmückt man die Obstschale mit den leuchtend roten Blättern des wilden Weins.

Je nach der Jahreszeit ändert sich die Zusammenstellung der Obstplatte: Im Frühling die ersten Kirschen aus deutschen Gärten, etwas später Pfirsiche, Reineclauden, Aprikosen, die schönen deutschen Birnen; und im Winter Nüsse, Feigen, Datteln, Traubenrosinen. Im übrigen spielt die Jahreszeit gar nicht mehr eine so große Rolle, wie das früher der Fall war, als man in der Hauptsache mit heimischen Erzeugnissen vorlieb nahm. Heutzutage hat der Import von Früchten aus aller Herren Ländern ein solches Ausmaß angenommen, daß man das ganze runde Jahr hindurch fast alle Obstsorten bekommen kann. Und doch geht nichts über die frisch geernteten Früchte aus heimischen Gärten!

Käseplatte

In die Mitte einer großen runden Platte gibt man Butterkügelchen, teilt die Platte durch Kresse in gesonderte Felder, in die man die verschiedenen Käsesorten verteilt, unterbrochen durch ein Feld Kaviar und ein weiteres mit Oliven.

Das Brot wird extra gereicht, und zwar wählt man folgende Sorten: Toast, frisches französisches Weißbrot, Pumpernickel, Knäckebrot und kleine runde Matzen oder Crackers.

Früher aß man den Käse stets nach dem Dessert. In England hält man sich auch noch heute daran. Wenn die Ladies nach dem Dessert das Eßzimmer verlassen, bleiben die Herren bei Portwein und Käse sitzen, ehe sie sich zu den Damen in den Salon begeben.

Käseliebhaber verdammen diese Sitte und ziehen es vor, das Essen stets mit Obst oder sonst einem Dessert zu beschließen.

Eine baltische Spezialität käme noch in Betracht:

Knappkäse

Dazu eignet sich am besten Schichtkäse, den man erforderlichenfalls gut ausdrückt, mit Salz, reichlich Kümmel und ein wenig Butter vermengt und zu ovalen, kleinen Käschen formt. Diese kleinen Käse stellt man auf ein Holzbrett, bedeckt sie mit einem leichten Mulltuch und läßt sie an einem warmen Ort so lange stehen, bis die Oberfläche kraus und glasig geworden ist. Will man den Knappkäse besonders pikant haben, so empfiehlt es sich, ihn noch länger stehen zu lassen. Je länger er steht, um so pikanter wird er.

Zu Harzer empfiehlt es sich, statt Butter Gänseschmalz zu nehmen. Mancher Käseliebhaber ist der Ansicht, daß der Käse am besten schmeckt, wenn man ihn in dicken Scheiben ohne Brot, ja sogar ohne Butter, mit dem Messer zum Munde führt.

Rund um den Samowar

Wer Turgenjew gelesen hat, kann sich ein Bild von dem russischen Landleben machen, wie es noch in den neunziger Jahren des vorigen Jahrhunderts war. Ein weitläufiges, einstöckiges altes Herrenhaus aus Holz, gelb gestrichen, mit weißen eckigen Säulen; ein nicht sehr gepflegter parkartiger Garten mit uralten Bäumen und vielen blühenden Sträuchern. Berauschender Duft des üppig blühenden Flieders strömt aus dem Garten und erfüllt das ganze Haus. Dann die Zeit des Jasmins und der Rosen und im Hochsommer der süße Duft der blühenden Linden! All diese Düfte verbinden sich mit dem alten Gutshaus, auf dessen breitem, langgestrecktem Altan, von dem ein paar Stufen in den Garten führen, sich der größte Teil des sommerlichen Lebens der Familie abspielt. Zum Nachmittagstee, wenn die größte Hitze des Sommertages im Abklingen ist, versammeln sich die Familienangehörigen, die stets zahlreich vorhandenen Hausgäste und Freunde von den Nachbargütern um den großen Teetisch. Eine schneeweiße Decke, in der kunstvollen Art der russischen Klöster reich bestickt, ist über die Tafel gebreitet, an deren Spitze die Hausfrau präsidiert. Und nun bringt die junge Magd in ihrer bäuerlichen Tracht, die langen Zöpfe mit bunten Seidenbändern durchflochten, den Samowar, dieses unentbehrliche Hauptstück eines russischen Teetisches, stellt ihn auf das längliche Tablett, das ebenso wie der Samowar aus Messing ist, und rückt die Messingschale unter den Kran. Der mehrere Liter fassende Hohlraum des Samowars, in dessen Mitte sich ein Rohr für die Aufnahme der Holzkohlen befindet, mit denen der Samowar geheizt wird, ist mit Wasser gefüllt, das durch die glühenden Kohlen zum Kochen gebracht wird. Sobald das Wasser kocht, entströmt der Dampf einem Ventil, und der Samowar beginnt leise zu singen. Die Hausfrau spült eine kleine Porzellan-Teekanne mit ein paar Tropfen des kochenden Wassers aus dem Kran des Samowars aus, trocknet die Kanne mit einem weißen Handtuch, das am unteren und oberen Rand ein buntes Kreuzstichmuster in russischen Motiven trägt, sehr sorgfältig, legt nun ein paar Teelöffel Tee, den sie einer silbernen Dose entnimmt, in das Kännchen, füllt kochendes Wasser auf und stellt es auf den Samowar, wo der Tee nun ziehen muß. Dann beginnt sie, die vor ihr stehenden Teegläser, die sie ebenfalls zuvor mit kochendem Wasser ausspült, zuerst mit dem Tee-Extrakt und dann mit kochendem Wasser zu füllen. In Rußland trinkt man den Tee aus Gläsern, die in Behältern stehen, und nimmt den Teelöffel nicht heraus. In der Regel wird in russischen Häusern nur chinesischer Tee getrunken; in alten Zeiten galt der »Karawanentee«, der aus China auf Kamelen nach Rußland kam, als besonders gut. Ehe ein Glas zum zweitenmal gefüllt wird, nimmt die Hausfrau die Prozedur des Ausspülens und Abtrocknens wieder vor, die nun einmal zum Zeremoniell des russischen Teetisches gehört.

Zu der russischen Art des Teetrinkens ist noch zu sagen, daß der Russe gern einen Teelöffel Warenje in seinen Tee tut oder auch Cognac hineingießt, mit oder ohne Zitrone. Daß Würfelzucker auf dem Tisch steht, ist selbstverständlich.

Was aber hat ein russischer Teetisch außer dem Tee an Genüssen zu bieten? In erster Linie kommt die sogenannte »Warenje« in Frage.

Warenje

Um es kurz zu sagen: mit Zucker dickflüssig im eigenen Saft eingekochte ganze Früchte, wie Gartenerdbeeren, entkernte Kirschen, Stachelbeeren, u. a. m., die man aus kleinen Schalen mit Löffeln zum ungesüßten Tee genießt. Aber wie wurde diese köstlich schmeckende Warenje gewonnen?

Es war immer ein gesellschaftliches Ereignis ländlichen Charakters, zu dem sich Verwandte und Gäste aus der Nachbarschaft an einem schönen Sommertag während der Früchtereife im ausgedehnten Beerengarten eines herrschaftlichen Gutes einstellten – eine Art Picknick in häuslicher Umgebung. Jugend und Alter waren vertreten. Ein Teil – meist Jünglinge und Mädchen – pflückten die Früchte von den Sträuchern, die reiferen Damen wuschen und entkernten Kirschen und Stachelbeeren, während die ältere Generation das Sieden der Beeren in kupfernen Pfannen auf brennenden Holzstößen überwachte, die jedoch nur aufkochen durften, um dann zum Abkühlen beiseite gestellt zu werden – eine Prozedur, die zweimal wiederholt werden mußte. Zwischendurch ergötzte man sich an Krocket, Reifenwerfen und -auffangen oder anderen Gesellschaftsspielen im Freien. Zuweilen sang auch jemand zur Balalaika ein paar Lieder, ja auch der Tanz kam zu seinem Recht. So verging der Nachmittag, und brach der Abend an, trugen die Mägde die kupfernen Pfannen mit den eingekochten Früchten in die Küche, um sie unter Assistenz der Hausfrau in Gläser zu füllen als Labsal für die rauhe Jahreszeit. Das Fest der Warenje war zu Ende.

Neben dieser beliebtesten Beigabe zum Tee gab es natürlich noch andere, wie kandierte Früchte, verzuckerte Moosbeeren, deren großer Reiz in der Kontrastwirkung zwischen der grellen Süße der dicken Puderzuckerschicht und der herben Säure der von ihr umhüllten Beere liegt; Fruchtpasten, in Rußland »Marmeladen« genannt, Sahnebonbons, feines Schokoladenkonfekt mit den raffiniertesten Füllungen und allerlei ausgeklügeltes Kleingebäck, Petitfours und ähnliches, wie Moskauer und Petersburger Konditoren es in hervorragender Kunstfertigkeit herstellen. Über die Tafel verteilt standen kleine Glaskaraffen mit Cognac. Das schneeige lockere russische Weißbrot, kräftiges Schwarzbrot und goldgelbe frische Butter fehlten natürlich auch nicht. Auch hausgemachtes Gebäck, von dem einiges hier beschrieben werden soll.

Matzen

750 g Mehl schüttet man in eine Schüssel, gibt allmählich ¼ l Wasser und einen knappen Teelöffel Salz hinzu und knetet den Teig so lange, bis er sich von den Händen löst. Dann rollt man ihn sehr dünn aus, formt runde Platten, indem man einen Dessertteller auf den Teig legt und ihn rundherum mit dem Kuchenrad abschneidet. Die Oberfläche dieser Platten durchsticht man mit einer Gabel, legt sie auf ein bemehltes Blech und backt sie im mäßig warmen Ofen hellgelb.

Trockenkringel (Baranki)

Aus Mehl, Wasser und etwas Salz mischt man einen Teig, den man gut durchknetet, bis er sich ziehen läßt, ohne zu zerreißen. Dann formt man lange Rollen in der Dicke eines Mittelfingers, schneidet sie in Stücke, die man zu Ringen zusammenfügt, etwa in der Größe eines Fünfmarkstückes, und wirft sie in sprudelnd kochendes Wasser. Wenn die Kringel an die Oberfläche kommen, nimmt man sie mit einem Schaumlöffel heraus, läßt sie abtropfen und legt sie auf ein gefettetes Blech. Sie werden mit Salz, Mohn oder Kümmel bestreut und ein paar Minuten in recht heißem Ofen überbacken. Sie müssen ganz trocken sein. In Rußland reiht man diese runden Kringel auf eine Schnur; so werden sie auf den Straßen verkauft, man nennt sie in Rußland »Baranki«

Süße Teigringe (Mitrofanskije baranki)

In Dünaburg waren diese süßen Baranki eine beliebte Spezialität. Sie wurden ebenso zubereitet wie die vorstehend genannten Salzringe, nur wurde dazu das feinste Weizenmehl verwendet und statt Salz – Zucker, Mohn und Zitronensaft.

Watruschki mit Tworog

Man bereitet einen Hefeteig, wie jede Hausfrau ihn kennt, rollt ihn dünn aus und schneidet ihn in nicht zu kleine Vierecke. Aus 500 g gut ausgedrücktem Tworog (Quark), einem bis zwei Eigelb, einem gehäuften Löffel Butter, einem halben Löffel Zucker, der abgeriebenen Schale einer Zitrone und einigen Rosinen mischt man eine Füllung für die Watruschki, gibt mit einem Teelöffel etwas davon in die Mitte eines jeden Vierecks, schlägt die vier Teigecken darüber, aber so, daß die Mitte frei bleibt, legt die Watruschki auf ein gefettetes Backblech, bestreicht sie mit verquirltem Eigelb und läßt sie im Ofen fünfzehn bis zwanzig Minuten backen. Wenn sie sich bräunen und leicht vom Blech lösen lassen, sind sie fertig.

Süße Hefeteigpirogge

Zunächst bereitet man einen Hefeteig aus 500 g Mehl, ¼ l warmen Wassers, 30 g Hefe, einer Prise Salz, 50 g Butter oder Pflanzenfett, einem Eigelb, einem Löffel Zucker und je nach Geschmack etwas Zitronensaft oder Vanille. Zur Füllung schält man fünf bis sechs Äpfel, zerkleinert sie, bestreut sie mit Zucker und gibt einen Löffel verlesene und gewaschene Rosinen hinzu. Den aufgegangenen Teig streicht man auf bemehltem Backblech etwa fingerdick aus, gibt auf die eine Hälfte die Füllung, klappt die andere Hälfte darüber und drückt die Ränder fest an. Dann bestreicht man die Pirogge mit verquirltem Ei und läßt sie im Ofen bei Mittelhitze etwa eine Stunde backen.

Charkower Honigplätzchen

Zwei Löffel Honig, eine halbe Tasse Zucker, zwei Eier, eine Prise Kardamom, drei Tassen Mehl und ein halbes Päckchen Backpulver verarbeitet man zu einem Teig, den man ausrollt und mit einem Weinglas zu Plätzchen aussticht. Auf gefettetem Blech backt man diese Honigplätzchen im Ofen goldig braun.

Großer russisch-baltischer Kümmelkuchen

Ein gefettetes, leicht bemehltes Backblech legt man fingerdick mit Hefeteig aus, glättet ihn mit der Hand, drückt mit dem Finger in regelmäßigen Abständen Vertiefungen in die Oberfläche, gibt in jede ein Stückchen Butter, bestreut den ganzen Kuchen mit Kümmel und backt ihn im Ofen goldbraun.

Geduldplätzchen

4 Eigelb und 1 Eiweiß rührt man mit 200 g Puderzucker eine halbe Stunde, gibt 200 g gesiebtes Mehl sowie eine halbe Messerspitze gestoßenen Zimt hinzu und zieht zuletzt den steifgeschlagenen Schnee der 4 Eier vorsichtig darunter. Mit einem Teelöffel tut man kleine Häufchen auf ein bemehltes Blech und backt die Plätzchen bei mäßiger Hitze im Ofen langsam goldgelb.

Wareniki mit Kirschen

Aus 500 g Mehl, einem Glas Wasser, einer kleinen Prise Salz und einem Ei knetet man einen glatten, festen Teig, den man dünn ausrollt. Inzwischen hat man 500 g Kirschen entkernt, dick mit Zucker bestreut und auf einen Durchschlag gelegt, damit der Saft abtropft. Den ausgerollten Teig sticht man mit einem Glas rund aus, legt auf jede runde Scheibe ein paar Kirschen und drückt die Ränder fest aufeinander, damit die Wareniki beim Kochen nicht auseinanderfallen. Sie werden in siedendes Wasser gelegt und sind gar, sobald sie an die Oberfläche kommen. Man nimmt die Wareniki mit einem Schaumlöffel heraus und begießt sie mit dem abgetropften Kirschsaft, den man mit einem halben Teelöffel in kalter Flüssigkeit aufgelöstem Stärkemehl und einem Löffel Zucker noch einmal aufkochen und erkalten ließ. Man serviert zu den Wareniki gesondert sauren Schmant (saure Sahne).

Warschauer Teekuchen

250 g Butter werden schaumig gerührt, 250 g Weizenmehl dazugegeben, vier ganze Eier auf einmal hineingeschlagen und allmählich, unter ständigem Rühren, 200 g geriebene süße und drei bis vier bittere Mandeln sowie 200 g Zucker an den Teig gegeben, den man recht schaumig rühren muß. Dann füllt man ihn in eine gefettete, mit Bröseln ausgestreute Springform und backt ihn in nicht zu heißem Ofen etwa vierzig bis fünfzig Minuten.

Warschauer Mandel-Mazurek (Warschawskij mazurek)

Man stößt 200 g abgezogene süße und 5 bittere Mandeln mit 2 Eiweiß im Mörser sehr fein, vermengt sie in einer Schüssel mit 200 g Zucker, 2 Eigelb und zieht schließlich den steifgeschlagenen Eierschnee darunter. Ein Blech belegt man mit angefeuchtetem weißem Papier, streicht die Masse fingerdick darauf aus und läßt sie in einem mäßig warmen Ofen so lange stehen, bis sie trocken ist. Dann nimmt man sie vorsichtig vom Papier ab und schneidet sie in beliebige Stücke.

Kulitsch

¾ l abgekochte warme Milch vermengt man mit 1000 g Mehl, gibt 60 g in lauem Wasser oder Milch aufgelöste Hefe dazu, mischt alles gut durch und läßt es an warmer Stelle gehen. Inzwischen rührt man 250 g Butter mit der gleichen Menge Zucker schaumig, gibt die abgeriebene Schale einer Zitrone, eine Prise Salz und 4 Eier dazu, vermengt alles und tut es in den aufgegangenen Hefeteig. Zum Schluß fügt man noch zwei Eßlöffel Korinthen und einen Eßlöffel Rosinen (selbstverständlich verlesen und gewaschen) hinzu, füllt den Teig in eine gefettete Form, in der man ihn noch einmal gehen läßt, bestreut ihn mit geriebenen süßen Mandeln und backt den Kulitsch im Ofen eine bis anderthalb Stunden. Nach dem Erkalten stürzt man ihn.

Wasserkringel

750 g Mehl, 1 Glas lauwarmes Wasser, 30 g Hefe, etwas Salz vermengt man zu einem Teig, den man gut durchknetet und zu 15 Brezeln formt.

Nachdem man die Brezeln aufgehen ließ, wirft man sie in kochendes Salzwasser, nimmt man sie nach einigen Minuten des Kochens heraus, läßt sie abtropfen und gibt sie auf ein mit Wachs ausgestrichenes Blech. Man bestreicht sie mit zerklopftem Ei, bestreut sie mit Kümmel und backt sie in heißem Ofen.

Estnische Weizenschrotbrötchen (Karrasch)

In ½ l lauwarme Milch schüttet man einen gehäuften Teelöffel Salz und 1000 g Weizenschrot und schlägt den Teig so lange, bis er sich leicht vom Löffel löst. Dann stellt man ihn beiseite, verrührt ¼ l lauwarme Milch mit 30 g Hefe und 500 g Weizenschrot und läßt es aufgehen. Sobald der Teig aufgegangen ist, gibt man den ersten Teig hinzu sowie 100 g zu Schaum gerührte Butter und knetet alles tüchtig durch, worauf man den Teig nochmals aufgehen läßt. Wenn der Teig anfängt, rissig zu werden, formt man mit den Händen (die man mit Wasser befeuchtete) ovale Brötchen, legt sie auf ein leicht bemehltes Blech, bestreicht sie mit zerklopftem Ei oder etwas kaltem Kaffee und backt sie in mäßig heißem Ofen, bis sie sich vom Blech lösen lassen, was etwa 50 Minuten beansprucht. Der Teig muß sehr fest eingerührt werden, da er beim Gären dünner wird, wodurch die Brötchen beim Backen flach werden können.

Baltische Kaffeestunde

Zu gemütlichem baltischem Familienleben gehörte nicht zuletzt der Nachmittagskaffee mit entsprechendem Gebäck, das stets zu Hause zubereitet wurde und warm aus dem Ofen auf den Tisch kam. Eine baltische Spezialität:

Kleine Kümmelkuchen

Aus in üblicher Weise hergestelltem Hefeteig formt man, nach dem zweiten Aufgehen, Kugeln in der Größe eines Tennisballes, setzt sie auf ein gefettetes Backblech, bestreut sie mit Kümmel, drückt in die Mitte einer jeden Kugel eine Vertiefung, die man mit einem Butterflöckchen füllt. Noch einmal läßt man die Kümmelkuchen kurz gehen und schiebt das Blech dann in den Ofen. Wenn die Kümmelkuchen sich zu bräunen beginnen, zieht man das Blech noch einmal heraus und bestreicht die Kuchen schnell mit verquirltem Eigelb. Nach etwa zwanzig bis fünfundzwanzig Minuten sind sie fertig.

Räderkuchen

Ein Eßlöffel Butter wird mit einem Eßlöffel Zucker zu dickem Schaum verrührt, zwei Eigelb dazu gequirlt, die abgeriebene Schale von einer halben Zitrone, ein Eßlöffel Rum, eine Messerspitze Backpulver und 100 g Mehl beigegeben und der Teig so lange gerührt, bis er sich von Händen und Schüssel löst. Dann rollt man den Teig ziemlich dünn aus, schneidet mit dem Kuchenrädchen etwa 3 cm breite, fingerlange Streifen, macht in die Mitte einen Einschnitt, durch den man das eine Ende hindurchzieht und backt die Kuchen im Fettbad. Wenn sie hellbraun sind, nimmt man sie mit dem Schaumlöffel heraus, läßt sie auf Fließpapier abtrocknen und wälzt sie noch warm in Zucker, dem man etwas Vanillezucker beigegeben hat. (Ergibt etwa fünfzig bis sechzig Stück.)

Safrangebäck (Gelbbrot)

500 g Mehl gibt man in eine Backschüssel, macht eine Vertiefung in die Mitte und schüttet 25 g in ¼ l lauwarmer Milch aufgelöste Hefe hinein. Ein wenig Safran, etwa ¼ g, wird getrocknet, gestoßen (es sei denn, daß man ihn bereits pulverisiert kauft), mit etwas kochendem Wasser übergossen und stehen gelassen, bis das Wasser abgekühlt ist. Dann gießt man es durch ein Mulläppchen an den Teig. Sobald der Teig aufgegangen ist, fügt man einen halben Teelöffel Salz, 100 g Butter, 100 g Zucker, 50 g gewaschene Rosinen, die man mit etwas Mehl bestäubt hat, zwei Körnchen Kardamom, die abgeriebene Schale von einer Viertel-Zitrone, 25 g gehackte süße und einige gehackte bittere Mandeln und schließlich noch etwas feingeschnittenes Zitronat hinzu. Man knetet den Teig so lange, bis er sich leicht von Händen und Schüssel löst, und läßt ihn an warmer Stelle etwa anderthalb Stunden gehen. Dann formt man ein bis zwei längliche Brote, bestreicht sie mit verquirltem Ei, belegt sie mit Mandelstückchen und backt sie etwa eine Stunde in ziemlich heißem Ofen.

Aus demselben Teig eine große Brezel geformt kam als »Geburtagskringel« auf jeden baltischen Geburtstagstisch.

Tulaer Kirschkuchen

Einen etwa 2–3 cm dicken Mürbteigboden belegt man mit entkernten, gut abgetropften Kirschen und übergießt ihn mit folgendem Guß: 4 Eigelb schlägt man mit 200 g Zucker zu Schaum, fügt 50 g Mehl und 2 Eßlöffel saure Sahne und schließlich den steifgeschlagenen Schnee der 4 Eier hinzu und läßt den Kuchen im Ofen überbacken. Schmeckt auch warm als süße Speise sehr gut.

Kleine Bonitztorte

Zu dieser Torte braucht man je 200 g Zucker, Schokolade und Mehl, ferner zehn Eier und Orangenmarmelade. Die Butter wird zu Schaum gerührt, nach und nach Zucker und verquirltes Eigelb dazugegeben, ebenso auch die Schokolade, die man an warmer Stelle oder noch besser im Wasserbad schmelzen ließ. Schließlich schüttet man unter ständigem Rühren das gesiebte Mehl hinein. Wenn man diesen Teig glatt verrührt hat, zieht man schnell und behutsam den Eierschnee darunter und füllt ihn in eine ganz leicht mit Butter ausgestrichene, am Boden mit einem passend zugeschnittenen Stück Pergamentpapier ausgelegte Springform, in der die Torte bei mäßiger Hitze etwa fünfundvierzig Minuten backen muß. Nach dem Erkalten legt man sie auf ein Drahtnetz und läßt sie über Nacht liegen. Dann wendet man sie, so daß die untere Seite nach oben kommt, weil sie, als die glattere Seite, sich leichter garnieren läßt, bestreicht die Oberfläche und die Seiten mit Hilfe eines Pinsels gleichmäßig mit durchgesiebter, erwärmter Orangenmarmelade und überzieht die Torte mit Zuckerglasur, die man aus Puderzucker und Wasser hergestellt hat. Man garniert sie mit den bei dem Durchsieben der Marmelade zurückgebliebenen Orangenschnitzeln in gefälligen Formen.

Alexanderkuchen

150 g Butter werden zu Schaum gerührt und mit 50 g Zucker, der abgeriebenen Schale von einer halben Zitrone und 250 g gesiebtem Mehl zu einem glatten Teig verarbeitet und ausgerollt. Nun schneidet man den Teig in etwa 12 cm lange und 8 cm breite Streifen, die man auf gefettetem Blech in recht heißem Ofen backt. Die eine Hälfte der gebackenen Stücke wird mit Johannisbeergelee oder Himbeerkonfitüre bestrichen, die unbestrichen gebliebenen Stücke werden daraufgesetzt und die so entstandenen Kuchen mit einem Brett beschwert. So läßt man sie einige Stunden stehen und überzieht sie dann mit einer Zuckerglasur.

Ziehbonbons (Tjanuschki)

Sahne oder Dosenmilch wird mit der gleichen Menge Zucker, unter Beigabe von etwas Vanille, zum Kochen gebracht. Die Masse muß so lange kochen, bis sie sich verdickt und eine ziemlich feste Masse bildet. Man rührt sie mehrmals durch und gießt sie auf eine Porzellanplatte, die man zuvor mit einem Bogen gefetteten Pergamentpapiers bedeckt hat. Nach völligem Erkalten schneidet man die Masse nach Belieben in viereckige oder längliche Stücke. Ihren Namen verdanken diese Bonbons ihrer elastischen, gummiartigen Beschaffenheit.

108

Five o'clock in Rußland

Im Gegensatz zu dem urgemütlichen, sich oft über den ganzen Nachmittag hinziehenden ländlich-russischen Teetisch hatte sich in den letzten Jahren vor dem Ersten Weltkrieg in der Petersburger Gesellschaft der englische Five o'clock tea immer mehr eingebürgert, wie überhaupt in jener Zeit, durch den Einfluß der letzten Zarin, englische Sitten Einlaß fanden, wenngleich der Russe an sich mehr nach Paris als nach London neigt.

Bei diesem Fünf-Uhr-Tee, der eine rein gesellschaftliche Funktion war und oft nur der Abstattung kurzer Visiten diente, wurde der Tee aus hauchdünnen chinesischen Tassen getrunken; das ganze umständliche Zeremoniell, der überladene Teetisch mit seiner Vielzahl materieller Genüsse fiel fort, man nahm den Tee zwanglos ein, häufig nur im Stehen, und aß dazu neben allerhand leichtem Kleingebäck hauptsächlich Sandwiches.

Maslenitza – die »Butterwoche«

Die Maslenitza (Maslo = Butter), in der alles in Butter schwimmt, entspricht der Faschingszeit im Westen. Die Butterwoche, die meist in den Februar fällt, wo in Rußland noch Eis und Schnee liegen, steht, ebenso wie Ostern, im Zeichen der Schlemmerei.

Warschauer Plinsen (Blini warschawskije)

Unter 250 g gerührte Butter zieht man nach und nach 6 Eigelb, 200 g Zucker, 200 g Mehl, die abgeriebene Schale einer Apfelsine, 3 Eßlöffel festgeschlagene Sahne und zuletzt den festen Schnee der 6 Eier. Von diesem Teig werden kleine Blinis gebacken, die man mit Vanillezucker bestreut zu Tisch gibt. Warme Aprikosen- oder andere Fruchtsauce wird dazu gereicht.

Das Hauptessen während der Butterwoche besteht aus:

Blinis

400 g Buchweizenmehl werden mit 1 Liter kochendem Wasser verrührt; nach dem Abkühlen kommen 50 g zerkrümelte Hefe, 400 g Weizenmehl, vier ganze Eier, 100 g Butter, ein viertel Teelöffel Salz hinein. Dann läßt man den Teig gehen. Es ist gut, wenn man den Teig wenigstens vierundzwanzig Stunden ruhen läßt, ehe man mit dem Backen der Blinis beginnt. Man kann für den Teig auch halb Wasser und halb Milch nehmen. Am besten backt man die Blinis in kleinen gußeisernen Pfannen, die stark erhitzt und leicht mit flüssiger Butter ausgestrichen werden; man nimmt mit einem Löffel den Teig von oben ab und gießt ihn auf die Pfanne; sobald die Blinis anfangen braun zu werden und sich leicht von der Pfanne lösen, bestreicht man sie mit Butter und wendet sie, damit auch die andere Seite braun wird. Die Blinis dürfen nicht zu dick sein. Man legt die fertig gebackenen Blinis auf eine Schale, die mit einer Serviette ausgelegt ist, mit deren Enden man die Blinis bedeckt, um ein Auskühlen zu vermeiden. Das Backen der Blinis muß sehr rasch vor sich gehen, da sie sonst zäh werden, und sie müssen sehr heiß gegessen werden. Am besten ist es, die Blinis, sobald eine Portion fertig gebacken ist, sofort auf den Tisch zu bringen und sie sozusagen direkt von der Pfanne zu servieren.

Blinis werden lockerer, wenn man beim Anrühren nur Eigelb nimmt und zuletzt das festgeschlagene Eiweiß locker unter die Masse zieht. Zum Backen gibt es ganz kleine, runde Pfännchen aus schwerem Eisen mit einem Durchmesser von etwa 8 cm, welche die Hitze gut bewahren und ein gleichmäßiges Backen gewährleisten.

Blinis sind zeimlich schwer verdaulich, deshalb wird dazu reichlich Wodka getrunken. Zu den Blinis reicht man geschmolzene Butter, frische saure Sahne oder Kaviar; ferner eignen sich Lachsschnitzel, Revaler Killos, gegebenenfalls auch Appetitsilds gut als Beigabe zu Blinis oder die folgende Heringscreme.

Heringscreme

Drei Matjesfilets hackt man fein und vermengt sie mit einem hartgekochten gehackten Ei, einer geriebenen Zwiebel, einem halben geriebenen Apfel, einem Löffel Meerrettich, einer Prise Zucker und einer kleinen Tasse ungesüßter Schlagsahne. All dies wird gut verrührt, bis sich eine glatte, cremeartige Masse ergibt.

Gefüllte Stopfkuchen

Im Baltikum waren während der »Butterwoche« gefüllte Stopfkuchen gang und gäbe. Um etwa 25 Stück herzustellen, löst man 30 g Hefe in ½ l lauwarmer Milch und ¼ Liter Rosenwasser auf, fügt 500 g Mehl und eine Prise Salz hinzu, arbeitet alles gut durch und läßt den Teig aufgehen. Nun rührt man 125 g Butter schaumig, gibt 125 g Zucker und 4 feingestoßene Körner Kardamom hinein und vermengt sie gründlich mit dem inzwischen aufgegangenen Hefeteig. Von diesem Teig formt man mit Hilfe von etwas Mehl Kugeln, die man auf ein mit Butter gefettetes Blech setzt, noch 45 Minuten gehen läßt, mit geschlagenem Ei bestreicht, mit gehackten Mandeln bestreut und bei mäßiger Hitze goldgelb backt. Sobald sie erkaltet sind, schneidet man einen Deckel ab und füllt sie mit der

Stopfkuchenfüllung

Dazu braucht man ½ Liter süße Sahne, ⅛ Liter Rosenwasser, 80 g Zukker, 125 g Rosinen. Von den fertig gebackenen, erkalteten Kuchen schneidet man Deckel ab, höhlt mit einem Teelöffel die Kuchen vorsichtig aus, vermengt das Ausgehöhlte mit kochender Sahne und den anderen Zutaten, verrührt alles gut und füllt es in die Stopfkuchen. Dann deckt man die Deckel wieder auf die Kuchen, die man nochmals im Ofen kurz überbacken läßt.

Die Fastenzeit

Im alten Rußland aß man viel, fett und schwer, so daß das Gebot des Fastens zwischen der Butterwoche und Ostern, selbst wenn man sich nicht allzu streng daran hielt, schon aus rein gesundheitlichen Gründen von nicht zu unterschätzender Bedeutung war. Der religiöse Sinn des Fastens lag darin, daß man sich allzu substantieller und sättigender Kost enthalten sollte, um die Seele, ungehemmt durch einen zu gut genährten Körper, zu befreien und so auf das heilige Osterfest vorzubereiten. Man sollte in dieser Zeit weder Butter, Fleisch noch Eier essen und zum Kochen und Braten lediglich Öle, wie Olivenöl, Mohnöl, Sonnenblumenöl oder reine Pflanzenfette, verwenden. In unserer Zeit kommt man ja überhaupt immer mehr von dem überreichlichen und fetten Essen ab; Öl und Pflanzenfette werden auch schon lange mit Vorliebe in der Küche gebraucht.

Fischpelmeni

Man bereitet einen Teig aus dreiviertel Tassen Wasser, ein bis zwei Löffeln Milch, einem Löffel Rum, etwas Salz und drei Tassen Mehl. Alle diese Zutaten werden gut durchgearbeitet, bis der Teig sich leicht von den Händen löst, wonach man ihn ziemlich dünn ausrollt. Inzwischen hat man eine Fischfarce zubereitet aus 200 g Fischfilet, das man fein hackt, mit einer in Öl leicht gebräunten feingewiegten Zwiebel, Salz, Pfeffer und etwas Muskatnuß sowie einer geweichten, gut ausgedrückten Semmel vermengt und zu einer glatten Masse verrührt. Aus dem ausgerollten Teig schneidet man etwa 16 cm breite Streifen, setzt in gleichen Ziwschenräumen mit dem Teelöffel kleine Häufchen von der Fischfarce darauf und schlägt die andere Hälfte des Streifens darüber. Dann sticht man den Teig mit einem Weinglas rund aus und drückt die Teigränder fest zusammen. Man kocht diese Pastetchen in Fischbrühe, mit der man sie ißt.

Fastensuppe

Weißbrot oder Vollkornbrot schneidet man in dünne Scheiben, legt sie in die Suppenterrine, fügt einige feingeschnittene, in Öl angeröstete Zwiebeln, gehackte Petersilie und Dill zu dem Brot und gießt das Wasser, in dem die Pelmeni gekocht haben, darüber. Als Beigabe zu dieser Fastensuppe werden Fischpelmeni gereicht.

Fastenpastete

Ein Glas Wasser, ein Löffel Öl, ein Löffel Rum, etwas Salz und etwa zwei Tassen Mehl verknetet man zu einem glatten Teig, den man ziemlich dünn ausrollt. In eine mit Öl ausgepinselte, möglichst hochrandige Springform füllt man einen Teil des Teiges, belegt ihn mit einer beliebigen Farce (aus gedämpftem Kohl oder Fisch), deckt den Rest des Teiges als Deckel darüber und bäckt die Pastete im Ofen goldbraun.

Fischfüllung für die Fastenpastete

Aus 500 g beliebigem Fluß- oder Seefisch, den man von Haut und Gräten befreit, gesalzen, gepfeffert und gehackt hat, bereitet man, unter Beifügung einer geriebenen, in Öl gedünsteten Zwiebel, einer in Wasser geweichten, ausgedrückten Semmel, einem Löffel Öl, einer halben Tasse aus dem Fischabfall gekochten Brühe eine Farce, die man leicht andünsten läßt und nach Erkalten als Pastetenfüllung verwendet.

Aal in Rotwein

Den zum Kochen vorbereiteten, in Stücke zerteilten Aal salzt man und legt ihn in einen Kochtopf mit ein bis zwei Zwiebeln, einigen Gewürzkörnern, einer Nelke, einem Lorbeerblatt, etwas abgeriebener Zitronenschale und einem Löffel Zitronensaft. Dann gießt man so viel Rotwein zu, daß der Fisch davon bedeckt ist, und läßt alles einmal aufkochen. Inzwischen hat man einen Löffel Mehl, einen Löffel Olivenöl, eine halbe Tasse Fischwasser und einen halben Teelöffel Zucker miteinander vermengt, fügt es dem Fisch zu, läßt noch einmal aufwallen und dann den Fisch auf kleiner Flamme gar ziehen.

Sterlet

Der sauber gereinigte Fisch wird leicht mit Salz bestreut, mit Zitronensaft beträufelt und zehn Minuten stehen gelassen. Aus halb Wasser, halb Weißwein, mit Fischgewürz, Suppengrün und einem Lorbeerblatt bereitet man einen Sud, den man einmal aufkochen und dann fünfzehn bis zwanzig Minuten auf kleiner Flamme ziehen läßt, ehe man den Fisch hineinlegt, der nach einmaligem Aufwallen auf kleiner Flamme gar werden soll.

Fastensauce zum Sterlet

Eine geriebene Zwiebel dünstet man in Öl, gibt feingeschnittene Champignons hinzu, etwas von dem Fischsud, ein Glas Weißwein (in Rußland verwendet man bessarabischen Weißwein), dickt mit einem Teelöffel kalt angerührtem Stärkemehl an und läßt die Sauce einige Male aufkochen. Dann gießt man sie entweder über den gekochten Fisch oder gibt sie gesondert in eine Sauciere.

Karpfen mit Steinpilzen

Ein Karpfen von 1000–1500 g wird in der üblichen Weise gesäubert, in Stücke zerteilt und in einen Tiegel gelegt; eine bis zwei Zwiebeln und etwa zehn bis zwölf feingeschnittene Steinpilze werden in zwei Löffeln Fastenöl gebräumt und zu dem Fisch gegeben. Eine Tasse Fischbrühe, die man aus dem Fischkopf und dem sich beim Säubern ergebenden Abfall gekocht hat, sowie ein Glas Rotwein gießt man über den Fisch, gibt auch noch ein paar Pfefferkörner und etwas Petersilie dazu. Erst läßt man den Karpfen in bedecktem Tiegel auf starker Flamme einmal aufkochen, dreht dann die Flamme klein und läßt den Fisch langsam garziehen. Die Sauce verdickt man mit einem Teelöffel in kaltem Wasser aufgerührtem Stärkemehl, läßt sie einmal aufkochen, seiht sie durch und richtet den Karpfen in der Sauce an.

Sauerkohlsoljanka

Man dämpft 500 g Sauerkohl mit einer feingewiegten in zwei Löffeln Öl gebräunten Zwiebel, gibt zwei geschälte, kleingeschnittene Äpfel hinzu und lockert den Kohl von Zeit zu Zeit mit einer Gabel, um das Anbrennen zu verhindern. Nun gibt man in eine mit Fastenöl ausgestrichene feuerfeste Form zuerst eine Schicht Kohl, dann eine Schicht Fisch (in Öl gebratenen Hecht, Zander, Stör oder auch gekochten

Lachs), den man leicht salzt und pfeffert. Als letzte Schicht wieder Kohl, belegt mit kleingeschnittenen Gewürzgurken und Pilzstückchen. Das Ganze begießt man mit der Sauce von dem gebratenen Fisch oder, falls man gekochten Fisch verwendet, mit dem durch etwas Stärkemehl angedickten Fischsud, streut altbackenes geriebenes Schwarzbrot darüber und läßt das Gericht im Ofen leicht überbacken. Statt geriebenem Schwarzbrot, wie man es in Rußland gern verwendet, kann man auch Semmelbrösel nehmen.

Russische Ostern

Spanferkel (Porosjonok)

Das sauber geputzte, ausgenommene und gewaschene Spanferkel wird innen und außen sorgfältig abgetrocknet und innen mit Salz und Pfeffer eingerieben. Es wird im Ganzen im Ofen gebraten. In die Bauchhöhle steckt man einen Holzspan, damit der Braten seine gute Form behält, und läßt ihn unter häufigem Begießen mit dem Bratfett (Butter oder Olivenöl) in anderthalb bis zwei Stunden goldbraun braten. Will man das Ferkel füllen, wiegt man die rohe Leber fein, fügt ebensoviel feingehacktes rohes Schweinefleisch oder auch etwas gewiegten Speck, zwei Eier, zwei eingeweichte, gut ausgedrückte Semmeln (ohne Rinde), ein kleines Glas Weinbrand, etwas Thymian und Salbei sowie Salz und Pfeffer hinzu und verrührt diese Ingredienzien zu einer glatten Masse. Diese Mischung füllt man in das Spanferkel und näht es zu, ehe man es in den Ofen schiebt.

Nach Erkalten tranchiert man das Spanferkel, legt es auf eine Platte, so daß es seine ursprüngliche Form wiedererhält, steckt ihm eine kleine Zitrone ins Maul und stellt es in die Mitte des Ostertisches.

Man reicht dazu mit saurer Sahne vermengten Meerrettich.

Gefärbte Eier

Auf einer großen flachen irdenen Schale, die man schon Wochen vor Ostern mit Gras besät hat und die nun eine leuchtende grüne Fläche aufweist, liegen die buntgefärbten, hartgekochten Eier. Rot und Blau sind die dominierenden Farben, aber auch alle übrigen Farben und Nuancen sind vertreten. Immer aber sieht man auch unter diesen Eiern ungefärbte, die nur die österlichen Buchstaben X.B. in Gold- oder Silberschrift tragen.

Osterbrot

Man gibt 1 kg Mehl in eine Schüssel, setzt in einer Vertiefung mit 70 g Hefe und ⅜ l Milch einen Vorteig an und läßt ihn gehen. Inzwischen rührt man 5 Eier mit 200 g Zucker, 200 g flüssiger Butter, einer Prise Salz, 1 Gläschen Rum und abgeriebener Zitronenschale schaumig und gibt dies in den gegangenen Teig. Kräftig verrühren und schlagen, gehen lassen. Nun 200 g Rosinen sowie je 100 g Orangeat und Mandeln, beides gehackt, untermischen, nochmals kurz gehen lassen, 2 Kugeln formen und diese auf ein gebuttertes Backblech legen; leicht flachdrücken. Nochmals 20 Minuten gehen lassen, dann mit sehr scharfem Messer Karomuster einritzen. Bei guter Hitze backen und noch heiß mit Butter bestreichen, dann sofort mit der Oberfläche in groben Zukker drücken.

Gekochtes Spanferkel

Nachdem man das Spanferkel ausgenommen und gewaschen hat, setzt man es in kaltem Wasser auf, dreht die Flamme ganz auf und läßt das Spanferkel, zugedeckt, einmal aufkochen, um es dann auf kleiner Flamme langsam gar werden zu lassen, was etwa zwei Stunden erfordert. Man fügt dem Sud etwas Salz zu und läßt das Spanferkel, nachdem es völlig gar geworden ist, in dem Sud liegen und darin erkalten. Dann nimmt man es heraus, tranchiert es, gibt ihm seine ursprüngliche Form wieder, steckt ihm eine rote Papierrose ins Maul und übergießt es mit einer dicken Creme aus Meerrettich und saurer Sahne.

Osterlamm

Überall in der Welt, in den angelsächsischen Ländern, in Frankreich, Spanien, auf dem Balkan, ja auch in Ägypten, Mexiko und Indien, gehört das Fleisch des Lammes mit Selbstverständlichkeit auf den Speisezettel, nur hierzulande ist es fast eine Rarität. Im Baltikum durfte auf dem Mittagstisch am Ostersonntag traditionsgemäß das »Osterlamm« nicht fehlen.

Keulen und Nierenstück des Lammes, und zwar eines etwa fünf Monate alten Milchlammes, werden einige Minuten in kochendes Wasser gegeben (blanchiert), in kaltem Wasser abgekühlt und mit einem Tuch abgetrocknet. Dann bestreicht man das Fleisch mit heißer Butter, salzt es und brät es im Brattiegel oder im Ofen goldbraun. Während des Bratens gießt man abwechselnd Buttermilch und Wasser darüber, und in einer bis anderthalb Stunden ist der Braten fertig. Den Bratenfond kocht man mit etwas Wasser los, macht ihn, falls nötig, mit einem Teelöffel in Wasser verrührtem Stärkemehl sämig, würzt mit Zitronensaft und fügt reichlich feingewiegte Petersilie, Dill und Kerbel hinzu. Die Sauce muß dicklich sein und durch ihr den Kräutern zu dankendes Grün zu Frühling und Ostern passen.

Hühnerpastete (Kurnik)

In 200 g gekochten Reis gibt man einen Eßlöffel Butter, zwei hartgekochte, kleingeschnittene Eier, feingewiegte Petersilie und Dill. Ein gekochtes Huhn löst man von den Knochen und zerteilt das Fleisch in kleine Stücke. Dann bereitet man den Blätterteig für die Pastete auf folgende Weise:
Auf einer Tischplatte (am besten Marmorplatte) mischt man einen Teig aus 250 g Mehl und ⅛ Liter recht kalten Wassers, dem man einen Schuß Essig und einen knappen halben Teelöffel Salz zugesetzt hat. Hat man den Teig soweit durchgearbeitet, daß er sich leicht von Händen und Platte löst, stellt man ihn auf zehn Minuten in die Kälte, ebenso wie 250 g Butter, die frisch sein muß und nur wenig Wassergehalt haben darf. Wenn der Teig ganz kalt ist, rollt man ihn zu einer runden Platte in der Dicke eines halben Fingers aus, legt die gleichfalls glattgewalzte Butter in die Mitte des runden Teigstückes und schlägt die freigebliebenen Teigränder von allen vier Seiten um die Butter, so daß diese völlig vom Teig bedeckt ist. Dann rollt man den Teil mit der darin versteckten Butter nochmals recht dünn aus, legt ihn dreifach zusammen und stellt ihn zum zweitenmal kalt. Diese Behandlung läßt man dem Teig im ganzen sechsmal angedeihen, wonach er dann zur Verwendung bereit ist.
Um nun den Kurnik herzustellen, rollt man den Teig in zwei runde Platten aus, von denen die eine größer sein muß als die andere. In die Mitte der größeren Platte gibt man die aus Reis und Fleisch gemischte Füllung, der man um der größeren Saftigkeit willen noch ein bis zwei Löffel kräftige Hühnerbouillon beigegeben hat, deckt die kleinere Teigplatte wie einen Deckel darauf, drückt die überstehenden Ränder der unteren Platte fest an den Teigdeckel oder, richtiger gesagt, kneift sie mit dem Teigkneifer zusammen und stellt die Pastete auf das Blech in den Ofen. Besser noch ist es, das Blech, statt es mit Mehl zu bestreuen, nur mit kaltem Wasser zu überspülen. Unter das Blech im Ofen spritzt man etwas Wasser. Die Pastete backt man goldig braun.

Nudelflecke mit Fleischfülle (Litowskije wareniki)

Man hackt 125 g Rinderfiletspitze und 125 g Rindernierenfett, jeden Teil für sich, recht fein, vermischt beides, fügt eine mittelgroße, gehackte, in Butter angedünstete und ausgekühlte Zwiebel, gehackte Petersilie, Salz, Pfeffer und geriebene Muskatnuß hinzu und bindet mit einem Eßlöffel kalter Béchamelsauce; die Masse muß gut durchgearbeitet sein. Von gewöhnlichem Nudelteig werden runde, handtellergroße Scheiben ausgestochen, der Rand wird mit geschlagenem Ei bestrichen, und in die Mitte wird ein Löffel der Fleischfarce gefüllt. Nun klappt man die Enden so zusammen, daß Halbmonde geformt werden, drückt die Ränder gut aufeinander und läßt die Wareniki in siedend heißem, aber nicht wallendem Salzwasser 10 Minuten ziehen. Nachdem sie gut abgetropft worden sind, richtet man sie in einer tiefen Schüssel an und übergießt sie mit heißer, zerlassener Butter.

Kalte Seezunge

Seezungenfilets werden in Butter leicht angedünstet, nach dem Erkalten je nach der Größe in zwei oder drei Stücke zerteilt und auf einer Platte angeordnet. Man umgibt sie abwechselnd mit kalten gekochten kleinen Karotten, kalten jungen Erbsen und Spargelstückchen (Konservengemüse zu empfehlen!) und gießt etwas Mayonnaise darüber. Feingewiegte Petersilie und Dill werden über die Platte gestreut.

Moskauer Fischpastete (Moskowski rasstegai)

Von einem Hefeteig wie für *kleine Piroggen* wird eine runde Platte von beliebiger Größe ausgestochen. In die Mitte gibt man abwechselnd und übereinander je eine Schicht gekochtes, schieres, grobgehacktes Hechtfleisch, körnig gekochten, gut abgetropften Reis, gehackte, in Butter gedünstete Zwiebeln, gehackte hartgekochte Eier, mit Salz, Pfeffer, gehacktem Dill und flüssiger Butter angemacht, und belegt das Ganze mit einer kleinen Scheibe gekochtem Stör, Hecht oder Lachs. Nun wird der Rand des Teiges über der Mitte geschlossen und die Pastete, umgekehrt, auf ein Backblech gelegt, erst zum Aufgehen warmgestellt, dann reichlich mit Butter bestrichen und goldgelb gebacken. Zu dieser Pastete wird Fischbrühe, aus den Gräten der Fische gezogen, gereicht, die mit Butter aufgekocht, mit Zitronensaft gesäuert und mit gehacktem Dill bestreut worden ist.

Kalte Fischplatte

Ein mittelgroßer beliebiger Fisch wird in Weinsud aufgekocht, nach dem Erkalten enthäutet, von den Gräten befreit, in Portionsstücke zerlegt und in der Mitte einer Platte angeordnet. Inzwischen hat man vier bis fünf Tomaten halbiert, von Saft und Kernen befreit, mit Essigwasser beträufelt und ein Weilchen beiseitegestellt. Drei harte Eier werden mit der Gabel zerdrückt, mit Paprika, Salz, Senf und etwas Meerrettich vermischt und in die leeren Tomatenhälften gefüllt, mit denen man den Fisch umgibt. Als Salat angerichtete Kresse oder feingeschnittene Endivien streut man dazwischen (auch dünne Lauchringelchen eignen sich gut) und übergießt das Ganze mit Mayonnaise.

Pas'cha – »Ostern«

Unerläßlicher Bestandteil eines russischen Ostertisches ist die Pas'-cha. Sie wird aus Quark zubereitet, und zwar geht das folgendermaßen vonstatten:
750 g Quark, der absolut frisch sein muß, wird fest in eine Serviette gebunden und auf ein schräg gestelltes Brett gelegt. Ein zweites Brett wird auf den Quark getan und mit einem Gewicht (evtl. mit einem Bügeleisen) beschwert. Nach zehn bis zwölf Stunden ist der Quark soweit trocken, daß man ihn verwenden kann. Man treibt ihn durch ein Sieb und vermengt ihn mit folgenden Zutaten:
50 g Butter, etwa ein Löffel Zucker, eine Prise Salz, zwei Eier werden gut verrührt und ¼ Liter Sahne, verlesene, gewaschene Rosinen, gebrühte, abgezogene, gehackte süße Mandeln, denen man einige bittere beifügt, sowie Vanillezucker dazugegeben. Nachdem alles gut und glatt miteinander vermischt ist, füllt man die Pas'cha in einen hölzerne Pas'cha-Form (in Ermangelung einer solchen tut es auch ein neuer Blumentopf), die man glatt und faltenlos mit einer Serviette ausgelegt hat. Mit den Enden der Serviette bedeckt man die Pas'cha, beschwert sie wiederum mit einem Brett und einem Gewicht und läßt sie an kalter Stelle – aber nicht auf Eis – etwa vierundzwanzig Stunden stehen. Dann stürzt man sie vorsichtig auf einen Teller, entfernt die Serviette und verziert die Pas'cha mit einer roten Papierrose.

Pistazien-Pas'cha

700 g ausgepreßten Quark vermengt man mit einer halben Tasse mit etwas Vanille vermischtem Zucker, fügt zwei Eier, 120 g Butter und ebensoviel feingehackte Pistazien hinzu und gibt schließlich in den Quark zwei Tassen gute süße Sahne. Nachdem man alles noch einmal gut miteinander vermischt hat, füllt man die Pas'cha in die Form und läßt sie fest werden.

Zaren-Pas'cha

Zu dieser Pas'cha braucht man eine Flasche süße Sahne, fünf rohe Eier, zwei Tassen saure Sahne. Zuerst verrührt man die Eier mit der sauren Sahne und gibt allmählich die süße Sahne hinzu. Wenn alles gut miteinander vermengt ist, gießt man die Masse in einen Kochtopf und läßt sie unter ständigem Rühren einmal aufkochen. Dann gießt man das Ganze durch eine dünne Serviette oder durch ein Mulltuch und läßt an kalter Stelle die Molken abtropfen. Nun kommen eine halbe Tasse Zucker und ein Päckchen Vanillezucker hinzu; alles wird noch einmal verrührt und dann in eine hölzerne Pas'cha-Form oder einen Blumentopf gegeben und weiter, wie vorstehend beschrieben, behandelt.

Gekochte Pas'cha

1 kg ausgepreßter, durch ein Sieb getriebener Quark wird mit vier Eiern, 100 g Butter, ¼ Liter süßer Sahne, 100 g abgezogenen gehackten Mandeln (ein paar bittere darunter), Zucker, Vanille und feingeschnittener Sukkade vermengt. Alle diese Ingredienzien läßt man unter ständigem Rühren einmal aufkochen und erkalten. Dann füllt man die Pas'cha in eine mit einer Serviette oder einem feuchten Mulltuch glatt ausgelegte Form (hölzerne Pas'cha-Form oder neuer Blumentopf) und läßt sie an kalter Stelle trocknen. Nach etwa vierundzwanzig Stunden kann sie vorsichtig gestürzt werden.

Auf den Ostertisch gehören nicht nur eine, sondern verschiedene Pas'-chen, für die es außer den hier genannten noch eine ganze Reihe anderer Zubereitungsarten und Abwandlungen gibt. Alle diese Pas'chen können verschiedenartig verziert werden, wobei sie meist auch die Buchstaben X.B. (die russischen Zeichen für die Worte Christos Woskrese – Christ ist erstanden) in Marmelade oder Schokoladenguß tragen.

Wareniki

Aus 500 g Mchl, einer großen Tasse Wasser, einem Ei und einem Teelöffel Salz bereitet man einen glatten, festen Teig, den man dünn ausrollt. Zur Füllung vermischt man 750 g gut ausgedrückten trockenen Quark mit einem Teelöffel Salz. Den ausgerollten Teig schneidet man in 16 cm breite Streifen, belegt den einen Streifen in gleichen Zwischenräumen mit Häufchen der Quarkfüllung, aber so, daß der Rand frei bleibt, schlägt die andere Hälfte des Streifens darüber und sticht mit einem Weinglas runde Stücke aus. Die Ränder müssen fest zusammengepreßt werden, damit die Wareniki während des Kochens nicht auseinanderfallen. Um ein festeres Zusammenhalten zu gewährleisten, kann man vor dem Ausstechen die Wareniki an den Rändern mit etwas Eiweiß bestreichen. Man läßt nun die Wareniki in siedendem, leicht gesalzenem Wasser so lange ziehen, bis sie an die Oberfläche steigen (natürlich muß während dieses Kochvorganges der Kochtopf unbedeckt sein), und nimmt sie dann mit einem Kochlöffel heraus. Sowohl die Syrniki wie auch die Wareniki kommen heiß auf den Tisch und werden mit geschmolzener Butter und saurer Sahne gegessen.

Baba – »altes Mütterchen«

30 g Hefe werden mit etwas lauwarmer Milch und Zucker aufgelöst und mit 250 g Mehl verrührt. Dazu kommen 50 g Zucker, drei Eier, 70 g zerlassene Butter und eine Prise Salz. Der Teig muß ziemlich fest sein. Man arbeitet ihn gut durch und läßt ihn zugedeckt gehen. Dann füllt man ihn in eine hohe schmale Form, nötigenfalls nimmt man eine hohe Blechbüchse. Selbstvertändlich ist die Backform gut einzufetten. Man backt die Baba eine knappe Stunde, bis sie schön goldbraun geworden ist. Entweder überzieht man die Baba, nachdem man sie gestürzt hat, mit einer weißen Zuckerglasur, oder man übergießt sie mit einer Mischung aus Arrak oder Rum, Wasser und Zucker. Wenn die Flüssigkeit völlig aufgesogen ist, bestreut man die Baba dick mit Puderzucker.

Reisbaba (Risowaja baba)

Eine Tasse gutgewaschenen Reis kocht man in zwei Tassen Milch und einer Tasse Wasser weich und gibt in den noch heißen Reis die feinabgeriebene Schale von einer halben Zitrone, je nach Geschmack auch Vanille oder Zimt; man vergesse auch nicht, etwas Salz beizufügen. Inzwischen hat man anderthalb Löffel Butter mit drei Eigelb und zwei Löffeln Zucker glatt gerührt, die man nun mit dem warmen Reis vermengt; 50 g gewaschene, verlesene Rosinen und ein Löffel gehackte Mandeln kommen auch noch hinein. Wenn der Reis völlig erkaltet ist, zieht man den steifgeschlagenen Schnee der drei Eier darunter, füllt die Masse in eine gefettete, mit Bröseln ausgestreute, möglichst hochrandige Springform und stellt sie für etwa vierzig Minuten in den Ofen. Um zu sehen, ob die Baba fertig ist, durchsticht man sie mit einer Stricknadel; ist die Nadel beim Herausziehen trocken, dann ist die Baba fertig gebacken. Man ißt sie in der Regel mit einer roten Saftsauce.

Petersburger Rumbaba mit Erdbeeren (Petrogradskaja baba)

100 g Puderzucker werden mit drei Eiern glatt verrührt; zwei Eßlöffel Rum, eine Prise Salz, etwas abgeriebene Zitronenschale, 100 g zerlassene Butter und 30 g aufgelöste Hefe werden dazugegeben und nach und nach mit 400 g gesiebtem Mehl und acht Eßlöffeln Milch vermengt. Dann füllt man diesen Teig in eine gefettete, möglichst hochrandige Springform (die russische Backform für Baben ich hoch und schmal), läßt ihn an warmer Stelle einige Stunden gehen und backt die Baba in heißem Ofen etwa fünfundvierzig bis fünfzig Minuten. Der noch heiße Kuchen wird auf folgende Weise mit Rumsirup getränkt: Entweder man gießt die Flüssigkeit, die man aus Fruchtsaft, Zucker und Rum gemischt hat (den Zucker muß man in heißem Fruchtsaft auflösen und dann erkalten lassen), in die Form, in der die Baba gebacken wurde, stellt die Baba wieder hinein und läßt sie so lange darin stehen, bis die Flüssigkeit völlig aufgesogen ist. Oder man setzt die Baba, solange sie noch heiß ist, auf ein über eine Schüssel gelegtes flaches Drahtsieb und begießt sie löffelweise mit der Rum-Saft-Flüssigkeit, bis die Baba sich auf diese Weise mit der Flüssigkeit vollgesogen hat. Wenn die Baba erkaltet ist, schneidet man aus der Mitte einen Keil heraus und füllt die so entstandene Höhlung

mit in Rum getränkten eingemachten Erdbeeren. Den Ausschnitt deckt man wieder darauf und spritzt auf die Baba mit Zuckerguß beliebige Verzierungen.

Baltische Weihnachten und Silvester

Schinken in Teig gebacken

Ebenso wie die Martinsgans am 10. November zu Luthers Geburtstag fester Brauch war, so gehörte zum Weihnachtsabend der in Teig gebackene Schinken als Hauptgericht auf den Tisch.
Ein Prager Schinken wird über Nacht gewässert, dann gut abgetrocknet, die Schwarte und alles Schwarze abgeschnitten. Aus Roggenmehl und Wasser hat man einen dicken Teig angerührt, in den man den Schinken einhüllt und in heißem Ofen drei bis fünf Stunden je nach Größe backt. Beim Anrichten entfernt man die Teighülle, besteckt den Schinken, der heiß serviert wird, mit Nelken und gibt junge grüne Erbsen dazu.

Am ersten Feiertag gab es zu Mittag nach einer reichhaltigen Sakuska eine Suppe und dazu die im Baltikum beliebten Speckkuchen.
Das Fleischgericht des Festmittags bestand aus gebratenem Puter, zu dem man Kartoffelpüree und gedämpfte Kastanien aß. Und als süßes Gericht Mehlspeise und Saftsauce.

Am zweiten Feiertag wurde das Mittagsmahl durch ein Formgericht eingeleitet, darauf folgte ein Borschtsch à la diable und als Hauptgericht Rinderfilet oder Roastbeef mit entsprechenden Gemüsen. Den Abschluß bildete ein Weingelee oder eine andere leichte Süßspeise.
Mandarinen, Traubenrosinen, Äpfel, Nüsse (Para-, Wal- und Haselnüsse) wurden neben den üblichen Weihnachtssüßigkeiten in den Feiertagen zwischen den Mahlzeiten serviert.

Im allgemeinen hielt sich die deutsche Gesellschaft im Baltikum, die zur Newaresidenz in keiner Beziehung stand, von der russischen Gesellschaft fern, welch letztere sich im alten Ordensschloß an der Düna, der Residenz des Gouverneurs, traf. Ja, im Rigaer Schützengarten, wo die deutsche Gesellschaft zusammenkam, waren Russen wenig beliebt; man wollte unter sich sein, im Sommer Tennis spielen und im Winter Schlittschuh laufen. Damals, in jenen Zeiten vor dem Ersten Weltkrieg, trat der Unterschied zwischen der russischen und der baltischen Dame sehr stark hervor. Die Russin liebte es, sich elegant, ja »pariserisch« zu kleiden, sie puderte sich und legte Rouge auf, während die baltische Dame jede Aufmachung ablehnte und es nicht verstand, auch nicht verstehen wollte, die Natur zu korrigieren. Die Russin rauchte gern eine Papyros zum Kaffee, was damals noch auffiel. Heute ist es so allgemein geworden, daß niemand mehr einen Gedanken daran verschwendet. Charmant aber war sie, die vornehme Petersburgerin!

Karpfen blau ist das Gericht, das zu Silvester auf den Tisch kommt. Übrigens soll eine Schuppe des Silvesterkarpfens, im Portemonnaie aufgehoben, Reichtum für das kommende Jahr sichern. Vor dem Karpfen ist eine klare Bouillon zu empfehlen, deren Zubereitung wohl nicht besonders erwähnt zu werden braucht, und als Beigabe kleine Piroggen mit Fleischfüllung.

Nach dem Essen braucht man den Silvesterpunsch. Nicht fehlen dürfen dazu

Ponschiki – »Berliner Pfannkuchen«

In einer Tasse lauwarmer Milch löst man 25 g Hefe auf, fügt einen Teelöffel Zucker hinzu und gibt sie mit ¼ l Milch an 500 g erwärmtes Mehl. Dazu kommen noch zwei Eier, 40 g zerlassene Butter und eine Prise Salz. Nun arbeitet man den Teig sehr gut durch und stellt ihn an eine warme Stelle zum Aufgehen. Dann rollt man ihn etwa 1 cm dick aus und sticht mit einem Weinglas runde Plätzchen aus. Die eine Hälfte dieser runden Scheiben belegt man mit einem Teelöffel beliebiger Marmelade, bestreicht die Ränder mit Eiweiß, legt die ungefüllten Rundscheiben darüber und drückt die Ränder fest zusammen. Nun legt man die so vorbereiteten Ponschiki auf ein bemehltes Backbrett, bedeckt sie mit einem dünnen Tuch und läßt sie nochmals gehen. Währenddessen hat man in einem breiten Kochgefäß mindestens 500 g Fett (am besten halb Rindertalg, halb Schweineschmalz) heiß werden lassen; der erforderliche Hitzegrad ist erreicht, wenn das Fett zu rauchen beginnt (es darf weder zu kühl noch zu heiß sein); jetzt nimmt man die inzwischen genügend aufgegangenen Ponschiki von dem Brett und legt sie, mit der oberen Seite nach unten, in das Fett, aber so, daß sie nebeneinander gut Platz haben. Sobald sie von unten schön bräunlich sind, wendet man sie um, damit beide Seiten gleichmäßig bräunen. Die fertigen Ponschiki nimmt man mit einem Schaumlöffel aus dem Fett, läßt sie auf einem Sieb oder auf einer Serviette abtropfen und wälzt sie in Vanillezucker.

Getränke

In den meisten Kochbüchern wird der Wein stiefmütterlich behandelt. Dabei ist die Zusammenstellung von Essen und Trinken von ausschlaggebender Bedeutung. Was hilft das schönste Mahl, wenn der Wein nicht in der richtigen Reihenfolge serviert wird oder falsch temperiert ist. Die Reihenfolge der Weine muß in aufsteigender Linie erfolgen, schwere Weine müssen den leichteren folgen. »Wein nach Bier, das rat ich dir; Bier nach Wein, das laß sein.« Vor dem Bier aber kommt der Schnaps.

Wie aber temperiert man die verschiedenen Weine und Getränke? Weißweine müssen Kellertemperatur haben und schmecken so am besten, vorausgesetzt, daß die Temperatur des Kellers nicht mehr als 10 Grad C. beträgt. Wenn man keinen geeigneten Keller hat, muß der Wein im Kühlschrank oder in Eis auf die notwendige Temperatur gebracht werden. Es gibt aber auch hier keine feststehenden Regeln für alle Weißweine. Spritzige Mosel und die meist recht süßen weißen Bordeaux können unbedenklich auf 9 Grad C. gekühlt werden, während schwere Rheingauer und Pfälzer bei 11 Grad am besten schmecken. Rotweine verlangen Zimmertemperatur. Ein Burgunder oder schwerer Bordeaux müssen eine wärmere Temperatur haben als ein leichter roter Landwein. 16 bis 17,5 Grad C. dürfen als Höchsttemperatur zur Entwicklung der vollen Blume bei Burgunder und Bordeaux angenommen werden. Ganz schwere Rotweine serviert man am besten liegend in einem speziellen Korb, damit der stets vorhandene Satz nicht in die Gläser gelangt. Weinbrand kann auf etwa 7 Grad C. gekühlt werden, dagegen entfaltet ein edler französischer Cognac Geschmack und Duft erst bei Zimmertemperatur. Auch Schnaps ist stets kalt zu servieren, Liköre werden kühl, jedoch nicht geeist serviert.

Schaumweine werden kalt, jedoch nicht zu stark geeist getrunken. Man serviert sie im Eiskühler bei einer Temperatur von 7 bis 8 Grad. Sie schmecken am besten aus einem Ballonglas und nicht aus dem Spitzkelch, wie er heute noch vielfach üblich ist. Rote Weine sollten nicht in warmes Wasser gestellt werden, um sie zu temperieren. Im Winter stelle man sie am besten in die Nähe der Heizung, damit sie langsam ihr Bukett entfalten können. Entkorkt wird der Wein erst bei Tisch. Dort ist die Kapsel unter dem Ring des Flaschenhalses erst abzuschneiden, ehe man die Flasche öffnet. Das gilt natürlich für alle Weine. Es sei noch vermerkt, daß Weine nach dem Transport zwei bis drei Wochen ruhig lagern sollten, ehe man sie trinkt.

Südweine kann man auch in Karaffen auf den Tisch stellen, während man Wein in Flaschen am besten auf einen Nebentisch stellt. Wenn der Hausherr den Wein aus der Flasche einschenkt, so gießt er sich zuerst eine kleine Probe in sein Glas, um zu sehen, ob keine Korkenreste im Wein sind. Falls der Diener einschenkt, gießt er zuerst dem Hausherrn eine Probe in das Glas. Im Restaurant zeigt der Kellner die Flasche, bevor er sie entkorkt, um feststellen zu lassen, daß es die bestellte Marke ist.

Ein Südwein braucht nicht immer ein Süßwein zu sein. Ein guter Tokayer aus dem nordöstlichsten Ungarn ist der Süßwein Máslás. Die Tokayer werden zum Teil aus der Muskateller-Rebe gewonnen, daher schmeckt ein Muskateller auch ähnlich wie der Máslás, nur nicht so gut.

In Rußland kennt man die Sitte, vor dem Essen einen Sherry, einen Cocktail oder einen Aperitif zu sich zu nehmen, nicht, da man zur Sakuska stets Schnaps trinkt, während der Franzose zu seinem Hors d'œuvre nichts trinkt.

Im baltischen Mittelstand früherer Zeiten war der Brauch, vor dem Essen Tee und Gebäck zu reichen.

Das rechtgläubige Wässerchen (Wodka)

Man darf nicht in den Fehler verfallen, zwischen Schnaps, Cognac und Likör keinerlei Unterschied zu machen.

In der Tat gibt es aber keinen krasseren Unterschied als zwischen Schnaps, den man zur Sakuska trinkt, und Likör und Cognac, die man zum Kaffee genießt. In Rußland ist man durch die Fülle verschiedener Schnapssorten verwöhnt; man kann von einem Paradies der Schnäpse sprechen. Das Nationalgetränk ist Wodka; der Steppenschnaps Subrowka (Suber = Auerochse), der in der Flasche einen Halm des Grases hat, das der Auerochse so liebt; der Kümmelschnaps; der Pomeranzenschnaps; die Rjabinowka (ein Ebereschenbranntwein), leicht und bekömmlich, seien nur am Rande erwähnt. Vor Einführung des Monopolschnapses gab es verschiedene Arten von Wodka, wobei der Smirnowsche Schnaps als besonders gut galt; nach der Monopolisierung wurde er mit Erfolg ins Ausland exportiert. Finanzminister Witte führte den staatlichen Monopolschnaps ein, um Rußlands Finanzen aufzubessern. Die »Monopolka« bestand aus zwei Sorten: Rot- und Weißköpfchen; erstere war das Getränk des kleinen Mannes, der weiße Schnaps hingegen war gesellschaftsfähig. Es war zwar nur ein

Kartoffelschnaps, kein Korn, doch so vorzüglich hergestellt, daß er besser schmeckte als ein Doppelkorn. Fürchterlich aber war der »Samogon«, den die russischen Bauern, trotz strengen Verbotes, in den Dörfern selbst brannten. Man konnte ihn nur herunterbekommen, wenn man sich die Nase zuhielt.

Hausmacherwodka

Reiner Alkohol wird mit abgekochtem Wasser verdünnt, etwas mehr Wasser als Weingeist, um auf 45 Prozent zu kommen. Man fügt ein Stück Zucker hinzu und ein wenig hauchdünn abgeschnittene Zitronenschale, die aber vor dem Servieren zu entfernen ist. Zwölf Stunden lang muß der Schnaps eiskalt stehen. Statt der Zitronenschale kann man auch ein Fläschchen Underberg zugießen, das gibt dann einen prächtigen Gesundheitsschnaps. Für Damen ist ein leichterer Schnaps bekömmlicher: Man gibt an den verdünnten Weingeist statt Zitronenschale heißgemachten Rotwein; dieser Schnaps darf nicht stärker sein als 35 Prozent; er muß vierundzwanzig Stunden eisgekühlt stehen.

Bowle

Bowlen wurden in Rußland nicht getrunken, während sie im Baltikum sehr beliebt waren, besonders bei Tanzgesellschaften und sommerlichen Festen. Dem oft vertretenen Standpunkt, daß man zu einer Bowle auch minderwertige Weine verwenden könne, sei hiermit energisch widersprochen. Eine gute Bowle wird durch Sekt verbessert; auf eine Beigabe von Selterswasser kann verzichtet werden. Um eine Bowle zu süßen, verwendet man Zuckerlösung, aber nur sparsam. Etwas Weinbrand, noch besser natürlich französischer Cognac, ist dem Geschmack der Bowle nicht abträglich. Sekt darf erst unmittelbar vor dem Anrichten an die Bowle gegossen werden. Die Bowle muß einige Stunden auf Eis ziehen, darf aber in keinem Fall mit Eis in unmittelbare Berührung kommen. Je nach der Saison wählt man die entsprechenden Früchte für die Bowle.

Bowle à la Nebelthau

½ Liter süßer roter Wein, drei Flaschen Bordeaux, eine halbe Flasche Mineralwasser, zuletzt eine Flasche Sekt. Kurz vor dem Auftragen zehn abgezogene, entkernte und in Viertel geschnittene Pfirsiche dazugeben.

Portweinbowle nach englischer Art

Eine Flasche Portwein, dazu schwarze Johannisbeeren, dreiviertel Stunden ziehen lassen. Dann in die Bowlenschüssel gießen, eine Flasche schweren Rotwein dazugeben, zuckern, kühl stellen. Zum Schluß eine Flasche Sekt.

Silvesterpunsch

750 g weißer Kandiszucker werden mit Wasser aufgekocht und abgeschäumt. Die feinabgeriebene Schale einer Apfelsine und der Saft dreier Zitronen werden dazugegeben, zwei Flaschen Rotwein und zwei Flaschen Rheinwein werden daraufgegossen und zum Schluß noch ½ Liter Rum beigefügt. Das Getränk wird heiß gereicht.

Toddy

Zitronensaft, Stückzucker, Muskatnuß und Honig werden heißgemacht und verrührt; ein Glas heißes Wasser und reichlich Whisky zugegossen, und das Getränk ist fertig.

Türkenblut

Dieses Getränk besteht aus einer Flasche Sekt und einer Flasche Porter, es ist eiskalt zu servieren.

Göttertrank

Sehr geeignet, wenn sich eine Gesellschaft bis in die frühen Morgenstunden hinzieht. Dazu gehören Portwein und Weinbrand, halb und halb, starker kalter schwarzer Kaffee, alles gut vermischt und ordentlich durchgeschüttelt.
Ein paar Käseschnitten passen gut dazu.

Nikolaschka

Dieses Getränk wird in Rußland weder zum Kaffee noch zum Essen, sondern zwischendurch genossen. Auf ein mit Weinbrand gefülltes Gläschen legt man eine gezuckerte Zitronenscheibe (ohne Rand!) und streut einen halben Teelöffel gemahlenen Kaffee darauf. Dann nimmt man die Zitronenscheibe ab, leert das Gläschen mit einem Zug und ißt hinterher die Zitronenscheibe.
Nach welchem russischen Zaren das Getränk benannt wurde, ob nach Nikolai I. oder Nikolai II., ist unbekannt.

Met

Unsere germanischen Vorväter haben sich an Met gelabt. Met aber tranken auch die Juden zu ihrem Passahfest. In den orthodoxen Klöstern zogen die Mönche dieses Getränk allen anderen vor. Trunken sind sie wohl alle geworden!
Vornehmstes Gebot für die Zubereitung ist, den allerbesten Honig zu verwenden, dazu Wasser und Hefe (12 Liter Wasser, 2 kg Honig und 100 g Hefe). Wasser und Honig werden gekocht, der sich bildende Schaum wird abgeschöpft. Nachdem die Flüssigkeit umgegossen und lauwarm geworden ist, wird die in etwas Wasser aufgerührte Hefe dazugetan und das Gefäß mit einem Tuch bedeckt. So entsteht nach etwa sechsunddreißig Stunden eine sehr stark gärende Flüssigkeit, die man in ein Fäßchen füllt und zwei bis drei Tage stehen läßt. Das Spundloch wird mit einem Tuch bedeckt und später verschlossen. Drei Monate muß das Fäßchen im Keller liegen, dann erst kann der Met auf Flaschen gefüllt werden.

Alkoholfreie Sommergetränke

Die Zahl der naturreinen unvergorenen Säfte ist groß, man kann sie überall fertig kaufen. Nur muß man zwischen dem Süßmost und dem gegorenen Most unterscheiden; ersterer ist reiner, weil er keine Zusätze von Chemikalien und Zucker hat. Diese alkoholfreien Getränke, zu denen die verschiedensten safthaltigen Früchte und Beeren Verwendung finden, sind im Sommer viel bekömmlicher als die in den USA in Unmengen konsumierten eisgekühlten Mischgetränke. In keinem Lande kommen so viel Hitzschläge vor wie in Amerika. Die Weisen des Orients trinken im Sommer starken heißen Kaffee und der Russe heißen Tee mit Zitrone, aber auch andere alkoholfreie Getränke:

Kwas

Es gibt Fruchtkwas (Apfelkwas, Moosbeerenkwas u. a. m.) und Brotkwas, der an heißen Tagen sehr erfrischend ist und sich von allen westeuropäischen alkoholfreien Getränken kraß unterscheidet. Warum sollte sich dieser herrliche Kwas nicht auch im Westen einbürgern? Vielleicht erobert er die westliche Welt in einem ähnlichen Siegeslauf, wie es Coca-Cola getan hat!

Man gibt altes, geröstetes Vollkornbrot in ein irdenes Gefäß und übergießt es mit kochendem Wasser. Nachdem das Wasser lauwarm geworden ist, filtriert man es durch eine Serviette und fügt Sirup, der gut und dunkel sein muß, sowie Hefe hinzu. Der Hefe gibt man noch Weizenmehl bei. Zwölf Stunden muß das Getränk an warmer Stelle stehen. Dann schäumt man es ab und füllt es vorsichtig, ohne den Bodensatz, in Flaschen; die Flaschen dürfen nicht ganz voll gefüllt, müssen verkorkt und zugebunden sein. Sie sind zwei Tage lang auf Eis zu halten. Eine wahrlich einfache Prozedur!

Um zwölf Flaschen Kwas zu erhalten, braucht man 1½ kg altbackenes geröstetes Brot, 16 Liter kochendes Wasser, 1 kg Sirup, 30–40 g Hefe, einen Eßlöffel Weizenmehl. Wichtig ist es, in jede Flasche, ehe man sie auf Eis stellt, zwei Rosinen und etwas Zitronensaft zu geben.

Klukwalimonade

Im lettgallischen Teil Lettlands, dem früheren Polnisch-Livland, wachsen auf dem Sumpfboden und auf dem Torfstich Moosbeeren, russisch Klukwa genannt. Diese Beeren werden auch in das westliche Ausland exportiert.

Man kocht diese säuerlichen Beeren zu Saft, streicht ihn durch ein Sieb, verdünnt ihn mit Wasser und trinkt ihn mit Zucker.

Diese Limonade ist nicht nur sehr erfrischend, sondern, wenn heiß getrunken, ein gutes Mittel zum Schwitzen.

Birkwasser

Im Frühling bohrt man in eine alte Birke, kurz bevor sie ausschlägt, ein Loch, in das man einen fingerdicken Ast steckt. In den Ast wird eine Rinne eingekerbt. Man stellt ein Holzgefäß darunter, in das das Birkenwasser fließt. Später muß das Loch mit Baumwachs verschmiert werden. Das gewonnene Birkwasser wird durch ein Tuch filtriert und in Flaschen abgefüllt. In jede Flasche kommt ein Teelöffel Zucker und eine Rosine. Die Flaschen müssen anderthalb Monate im Keller stehen oder im Sand vergraben bleiben.

Wenn auch nicht zu Getränken gehörend, soll hier noch auf den in Rußland (Südrußland, Krim und Kaukasus) besonders beliebten

Joghurt

hingewiesen werden. Er wird in seinem Ursprungsland nicht nur aus Kuh-, sondern auch aus Schaf- und Ziegenmilch hergestellt. In Westeuropa braucht man zu seiner Herstellung auf besondere Art gesäuerte Milch.

Für die Herstellung des Joghurt werden Joghurt-Reinzucht-Kulturen herangezogen. Durch die Säuerung wird das Milch-Eiweiß feinstens ausgeflockt.

Durch den Genuß des Joghurt wird die Darmträgheit angeregt. Man kann ihn mit oder ohne Zucker essen.

Zur gesunden Ernährung sollte auch nie der

Quark (Tworog)

fehlen. Guter Quark ist in jeder Form aufs wärmste zu empfehlen. Man kann ihn leicht gesalzen und mit Kümmel oder feingewiegtem Schnittlauch durchsetzt, aber auch mit Paprika bestreut, reichen. Gut schmeckt er aber auch ungesalzen und mit einer Schicht Orangenmarmelade. Am besten ist der Quark, den man zu Hause selbst herstellt, und zwar geschieht dies auf folgende Weise:

Man läßt rohe Milch, es kann auch Magermilch sein, sauer werden und stellt sie einen Tag an eine warme Stelle, bis sie gerinnt. Dann gibt man sie auf ein Haarsieb und läßt alle Flüssigkeit ablaufen. Erst wenn der Quark ganz trocken ist, gibt man die vorgenannten Zutaten hinzu, evtl. verrührt man ihn auch noch mit etwas Sahne.

Verzeichnis der Rezepte

Bildnachweis:
Gruner & Jahr (3), Fotostudio Teubner (3),
Helmut Peters (2)

Bitte beachten Sie
die folgenden Seiten

Adelheid
Dobner

Das
altböhmische
Backbuch

Ullstein Buch 34740

Die böhmischen Mehlspeisen
und Backwaren sind weltweit
bekannt und beliebt.
Adelheid Dobner trug die
Rezepte für diese
traditionsreichen
Spezialitäten zusammen,
bevor sie ganz in
Vergessenheit geraten.
Und diese zeigen sich so
verführerisch wie einst!

Ullstein Sachbuch

SABINA LIETZMANN

Ein Huhn in jedem Topf

MARY HAHN'S KOCHBUCHVERLAG

Sabina Lietzmann beweist in ihrem Buch, daß man mit etwas Experimentierlust Huhn auf mindestens 140 verschiedene Arten sehr schmackhaft zubereiten kann. Sie kommt zu dem Schluß, daß kein anderes Fleisch so variabel verwendbar ist wie das vom Huhn.

256 Seiten mit zahlreichen Abbildungen

Mary Hahn Verlag